수상하다!
뭔가 이상해!

범인은 누굴까?

용의자

봉대는 왜 뚜순이 누나를
좋아할까?

증거

혹시 내가
범인?

미스터리하다.

으악!

헉, 김뚜순이
두 명이다!

사이코패스
라고?

증인

밤새 게임하다 들켰다.

거짓말 탐지기가
필요하다!

어?
아무도 없네?

증거

불안해.

걱정이야.

비상! 비상!

용의자

봉채?

의심!!

하룻이?

과연 범인은?

으...

너무 무섭다.

혹시 UFO?

용돈이
모두 사라졌다.

증거 수집!

증거
뿌아앙~

이상하다.

엄마가 우리 엄마가
아닌 거 같다.

방금 무슨 소리가
들렸는데?

알리바이를 조사했다.

용의자

끼끼

모두
수상해!

누구지?

내 치킨이
없어졌다!
분명 김뚜순이다!

누굴까?

진실 하나,
서연이 누나는
너무 예쁘다.

목격자

아빠의 휴대폰은
어디 있을까?

방금 뭐가
지나갔는데?

목격자

동만이?

출동!

1판 1쇄 인쇄 | 2025년 1월 15일
1판 1쇄 발행 | 2025년 1월 24일

원작 | 뚜식이
감수 | 샌드박스네트워크
감수 및 과학 콘텐츠 | 이슬기
글 | 최유성
그림 | 신혜영
발행인 | 심정섭
편집인 | 안예남
편집 팀장 | 최영미
편집 | 한나래, 이수진
구성 및 디자인 | 윤보현
브랜드마케팅 | 김지선, 하서빈
출판마케팅 | 홍성현, 김호현
제작 | 정수호

발행처 | (주)서울문화사
등록일 | 1988년 2월 16일   **등록번호** | 제2-484
주소 | 서울특별시 용산구 새창로 221-19(한강로2가)
전화 | 02-791-0708(구입) 02-799-9148(편집) 02-790-5922(팩스)
출력 및 인쇄 | 에스엠그린

ISBN | 979-11-6923-392-7
           979-11-6923-460-3 (세트)

뚜식이와 함께하는
재미있는 과학 이야기!

여러분은 어떤 이야기를 좋아하나요?

이 책의 주인공 뚜식이처럼 게임 이야기를 좋아하나요? 아니면, 뚜순이처럼 멋진 연예인 이야기를 좋아하나요?

저는 우리 생활 곳곳에 숨어 있는, 그리고 인간과 떼려야 뗄 수 없는 분야, 바로 '과학 이야기'를 좋아합니다. 자연, 동물, 인간 등 이 세상의 모든 것을 이해하기 위해서 과학은 매우 중요한 분야이지요.

〈뚜식이의 과학 일기〉 시리즈는 엉뚱하고 귀여운 뚜식이를 통해 다양한 과학 이야기를 재미있게 보여 줍니다. 똑소리 나는 뚜순이처럼 흥미진진한 과학 지식도 쏙쏙 담아냈지요. 특히 일기 형식의 스토리로 독자들에게 깊은 공감을 얻고, 곳곳의 알찬 정보로 독자들을 자연스럽게 스며들게 합니다. 지루할 틈 없이 등장하는 재미있고 기발한 내용의 만화는 정말 큰 웃음을 줍니다.

이 시리즈를 통해 뚜식이, 뚜순이는 물론 알면 알수록 재미있는 과학과도 한층 가까워져 보세요.

〈뚜식이의 과학 일기-미스터리 범죄〉에서는 우리 주변에서 일어날 수 있는 미스터리한 이야기, 범죄와 관련된 다양한 궁금증을 쉽고 재미있게 풀어 나갑니다. 뚜식이와 친구들을 통해 미스터리의 비밀을 파헤치며, 그 속에 숨어 있는 흥미진진한 과학적 요소들도 빼놓지 않고 설명하지요.

아빠의 사라진 휴대폰, 뚜순이의 도플갱어, 정체불명의 비행 물체, 악몽을 꾸는 이유 등 뚜식이 주변에서 일어나는 미스터리한 이야기와 프로파일러, 거짓말 탐지기, 딥페이크, 공명 현상 등의 과학 이야기를 들려줍니다. 호기심 넘치는 과학 이야기를 미스터리한 이야기와 함께 풀어나간 것이 매우 인상적입니다. 오싹한 이야기를 읽으며, 유익한 과학 정보도 얻을 수 있으니까요.

〈뚜식이의 과학 일기-미스터리 범죄〉를 읽으며 뚜식이와 함께 미스터리에 대한 호기심을 채워 보세요. 그리고 여러분 주변에서 일어나는 모든 일들에 관심을 갖고 관찰하면서, 곳곳에 숨어 있는 과학도 만나 보시길 바랍니다.

수인재두뇌과학센터 수석소장 이슬기

등장인물

흠, 이 불길한 기분은 뭐지?

콩닥   콩닥

김뚜식

공부보다 게임을 더 좋아하는 평범한 중학생

★ 취미: 유튜브 영상 촬영 ▶
★ 성격: 엉뚱하고 착하다. 👼
★ 매력 포인트: 마카롱 같은 입술 🍪
★ 좋아하는 사람: 비밀 ⁇

친구들과 떡볶이를 먹으며 연예인 이야기 하는 걸 좋아하는 평범한 고등학생

★ 취미: 원룸소년단 포토카드 모으기
★ 매력 포인트: 톡 쏘는 말투 🐝
★ 좋아하는 음식: 치킨 🐥
★ 몸무게: 비밀 🔇

김뚜식! 너, 어젯밤에 밤새 게임한 거 엄마한테 들켰어.

김뚜순

뚜식이네 가족

아빠

엄마

할아버지

하늘이 고양이

가을 사촌 동생

봉구 강아지

뚜식이와 뚜순이 친구들

홍서연

전봉대

박지후

이동만

마이클

차례

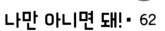

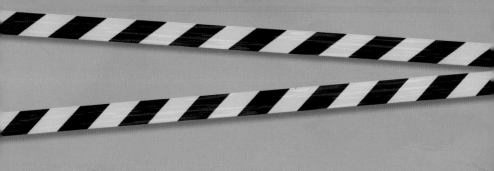

첫 번째 일기

범인은
바로 너!

14

뚜순이

토요일 아침!

아~함! 실컷 늦잠을 자고 일어났다.

어딘가로 놀러 가는 날도 좋지만, 이렇게 아무 일정이 없는 평화로운 아침도 나쁘지 않다.
밤새 비가 내렸는지 창가에는 촉촉하게
빗방울이 맺혀 있었다.

그때 아빠의 목소리가 들렸다.

내 휴대폰이 어디 있지?

어? 아빠가 휴대폰을 잃어버리셨나?

어젯밤 아빠가 집에 들어오실 때 석봉이 아저씨와 전화 통화하시는 걸 본 거 같은데…….

아빠는 석봉이 아저씨와 함께 저녁을 드시고 집에 들어오시면서 석봉이 아저씨한테 전화를 하시는 것 같았다.

굵적
굵적

분명히 충전기에 꽂아 놓고
잔 것 같은데, 안 보이네….

아빠는 어리둥절한 표정으로 머리를
굵적이셨다.

어제 집에 오다가 밖에서
잃어버린 거 아니야?

엄마가 아빠에게 눈을 흘기며 말씀하셨다.

 아니에요. 어젯밤에 아빠가 전화 통화하시면서
들어오시는 걸 제가 봤어요.

고마워!

아빠가 나를 보며 고맙다는 듯 살짝 웃으셨다.

그럼 집에 있겠지. 어서 찾아봐.

나는 이때까지만 해도 정말 별일이
아니라고 생각했다.

뚜루루~

아빠, 제가 전화해 볼게요.

통화 연결음이 들렸다.

뚜루루 뚜루루~~~

아빠는 안방, 엄마는 주방, 나는 거실에서 어딘가에서 들려올 벨소리를 기다렸다. 하지만 한참이 지나도 벨소리는 들리지 않았다.

 아빠, 혹시 *무음으로 해 두셨어요?

난 지금까지 휴대폰을
무음으로 해 둔 적이 없어.

그때 뚜식이가 방에서 나왔다.

**여러분, 제가 이 사건을
해결하겠습니다!**

 야, 김뚜식! 사건은 무슨 사건이야!

그러자 뚜식이가 고개를 저으며 말했다.

 음~, 어젯밤 아빠가 휴대폰을 충전기에 분명히 꽂아 놓으셨는데
감쪽같이 없어졌다며! 이게 사건이 아니면 뭐야?

너희 아빠가 잘못 기억하고 있는 건 아니겠지?

그러자 아빠가 무척 억울하다는
표정으로 뚜식이를 쳐다보셨다.

 엄마, 아빠의 평소 습관이 어떠신가요?

휴~, 힘들어.
나 좀 충전해 줘.

*무음: 소리가 나지 않음.

그야, 너희 아빠는 집에 오면 무조건 휴대폰 충전부터 하지.

 맞아요. 아빠는 회사에서 중요한 전화가 올 것을 대비해서 항상 충전을 해 두세요.

물론 휴대폰 게임을 하기 위해 충전을 하시기도 하지만….

오호~! 뚜식이의 말을 들어 보니 정말 그럴 듯한 사건처럼 여겨졌다.

그렇다면 나, 김뚜순이 나서야지!

 지금부터 탐정 김뚜순이

여러분의 알리바이를 확인하겠습니다!

뭐야, 갑자기 누나가 왜 나서는 거야?

 미래의 경찰인 내가 당연히 범인을 잡아야지!

나는 용감한 행동으로 나쁜 사람을 신고한 적이 있다.

알리바이

범죄가 일어났을 때 범죄와 관련 있어 보이는 사람이 범죄 현장이 아닌 다른 장소에 있었다는 사실을 주장하여 죄가 없음을 증명하는 방법.

아이고, 우리 아들이 다쳤다고요? 돈을 보내라고요?

할머니 흉내를 내는 중

○○ 또 이런 일도 있었다. 어느 날 나에게 *보이스피싱 전화가 걸려 왔는데, 내가 할머니인 것처럼 연기를 하며 깜빡 속는 척을 했다.

그런 다음 보이스피싱 범인을 은행 앞으로 유인해서 경찰에 신고했다. 그때 내가 할머니 분장을 하고 나갔더니 범인이 감쪽같이 속았다.

그때 경찰 아저씨가 나에게 어른이 되면 경찰을 해도 잘하겠다며 칭찬하셨다.

속았지~!

헉! 두식쩍

나는 삼촌이 경찰이라서 남다른 능력이 있어! 그러니 이번 휴대폰 사건은 내가 맡아야지!

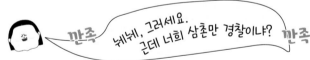

까족 네네, 그러세요. 근데 너희 삼촌만 경찰이냐? 까족

아! 우리는 남매니까 누나의 삼촌도 경찰이구나! 그럼 같이 해결해 보자. 이런 걸 **공조 수사**라고 하지. 예전에 누나랑 나랑 같이 해결한 사건들도 있잖아!

  *보이스피싱: Voice Phishing. 전화를 통해 개인 정보를 알아낸 뒤 이것을 범죄에 이용하는 일.

뚜순아, 뚜식아! 지금까지 너희가 해결한 사건을 들으니 정말 자랑스럽구나! 그런데 **아빠 휴대폰**은 언제 찾아 주는 거니?

아빠! 저희만 믿고 쉬고 계세요.

아빠가 방으로 들어가신 뒤, 우리는 어젯밤 우리 가족의 알리바이를 조사하기로 했다.

*CCTV: Closed Circuit Television. 감시 카메라.

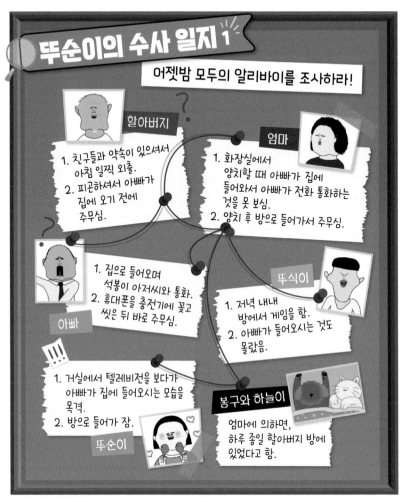

뚜순이의 수사 일지 1

어젯밤 모두의 알리바이를 조사하라!

할아버지
1. 친구들과 약속이 있으셔서 아침 일찍 외출.
2. 피곤하셔서 아빠가 집에 오기 전에 주무심.

엄마
1. 화장실에서 양치할 때 아빠가 집에 들어와서 아빠가 전화 통화하는 것을 못 보심.
2. 양치 후 방으로 들어가서 주무심.

아빠
1. 집으로 들어오며 석봉이 아저씨와 통화.
2. 휴대폰을 충전기에 꽂고 씻은 뒤 바로 주무심.

뚜식이
1. 저녁 내내 방에서 게임을 함.
2. 아빠가 들어오시는 것도 몰랐음.

뚜순이
1. 거실에서 텔레비전을 보다가 아빠가 집에 들어오시는 모습을 목격.
2. 방으로 들어가 잠.

봉구와 하늘이
엄마에 의하면, 하루 종일 할아버지 방에 있었다고 함.

나는 조사한 내용을 뚫어지게 쳐다봤다. 하필 아빠가 휴대폰을 마지막으로 사용하는 모습을 본 사람이 나뿐이라니……. 설마, 아빠가 휴대폰을 다른 곳에 두고는 기억을 못하시는 건 아니겠지?

그때 문득 어떤 생각이 머리를 스쳤다.

 야, 김뚜식! 네가 좀 수상한데?

 내가 왜 수상해?

 너, 예전에 엄마 휴대폰 몰래 가져가서 게임 아이템 구매한 적 있잖아. 혹시 어젯밤에 아빠 휴대폰 가져가서 또 그런 거 아니야?

뚜순이의 수사 일지 2 만약 김뚜식이 범인이라면?

히히 아빠 휴대폰으로 게임 아이템 사야지~

그러자 뚜식이가 *증거도 없으면서 자기를 범인으로 몰아세운다며 억울해했다.

뚜식이의 억울하다는 말이 가슴에 콕 박혔다.

억울 가짜 범인

 미안! 프로파일러는 사건을 제대로 조사해서 억울한 일을 당하는 사람이 없도록 도와줘야 하는데, 내가 너무 성급했어.

*증거: 어떤 사실을 증명할 수 있는 근거.

프로파일러가 뭐야?

 범죄 현장에 남겨진 증거나 범인의 행동 또는 심리를 분석해서 수사에 도움을 주는 사람이야.

 오~, 멋진데! 나도 그거 할래!

뚜식이는 멋지다며 엄지손가락을 치켜세웠다.

프로파일러는 미국에서 생긴 직업이다. 1956년에 연쇄 폭탄 폭발 사건이 일어났는데, 이 사건을 해결하기 위해 참여했던 정신과 의사가 범인이 보낸 협박 편지를 분석하다가 범인의 특징을 알아낸 것을 계기로 시작되었다.

우리나라에서는 2000년경부터 프로파일러가 활동했다.

> 흠, 이 범인은 편지를 쓰며 코를 파는 습관이 있군.

프로파일러

사건 현장에 남아 있는 흔적과 범행(범죄 행위) 수법을 분석하여 범인의 성격 및 특성 등을 밝혀 낸다. '범죄심리분석관' 또는 '범죄심리분석요원'이라고도 한다.

프로파일러에게 가장 중요한 것은
비판적인 생각과 정의로운 마음이래.

정의로운 사람 하면, 바로 나
김뚜순이지!

프로파일러가 하는 일

범죄 사건과 관련된 자료를 분석한다.

범죄 현장을 조사하여 범행 수법을 분석한다.

범인과의 면담을 통해 범행에 대한 전반적인 자료를 분석하고 향후 행동을 예측할 수 있는 자료를 만든다.

언젠가 책에서 본 적이 있는데, 남을 위하여 올바른 행동을 할 때 우리 뇌의 **뇌섬엽**이라는 부분이 활발하게 일을 한다고 했다. 프로파일러들은 뇌섬엽이 열심히 일하는 사람들 같아서 멋지다고 생각했다.

또 내 얘기야?

뇌

뇌섬엽은 뇌의 깊은 곳에 자리 잡고 있어. 몸으로부터 감각 신호를 받아서 뇌의 여러 부위에 전달하는 역할을 해. 받아들인 신호를 감정으로 느끼게 할 뿐만 아니라 판단과 결정을 하는 영역으로도 전달하지.

 뚜순아, 뚜식아! 아직이니?

아~ 함

아빠가 기지개를 켜며 방에서 나오셨다.

 네~, 아직이요.

아빠는 거실 소파에 앉으셨다. 텔레비전 리모컨을 꾹꾹 누르던 아빠는 마음에 드는 채널을 발견했는지 편하게 앉기 위해 옆으로 슬쩍 몸을 기대셨다.

으응? 여기 뭐가 있네?

나 여깄지롱~!

그러더니 소파 옆구리 쪽으로 손을 쑥 넣으셨다.

엇, 내 휴대폰이다! 이게 왜 여기 있지?

아빠의 휴대폰이 발견되었다.

아빠, 무음으로 되어 있으니 전화를 걸어도 소용이 없죠~.

진짜 이상하네. 무음으로 안 해 놨는데……
그리고 왜 소파 사이에 껴 있지?

어젯밤

슉

따르르

휴지야, 내가
휴대폰을 잃어버렸어.
잘 자라는 인사하려고!

헤헤

수줍

응,
오빠도 잘 자~.

툭 툭

실수로
무음 버튼을
누름

휙

쓱

범인은 봉구!

뚜순이의
두근두근 미래 일기

나는 어른이 되어 **프로파일러**가 되었다. 그리고 훌륭한 프로파일러가 되기 위해 열심히 활동 중이다.

오늘은 모처럼 집에 일찍 와서 가족들과 함께 저녁을 먹고 텔레비전을 보고 있었다. 그때 텔레비전 뉴스에서 낯익은 동네가 나왔다.

맙소사! 두식동에서 사건이 일어났다는 뉴스였다. 때마침 휴대폰이 울렸다.

띠리리리

네, 곧 현장으로 출동하겠습니다!

연락을 받고 사건 현장으로 가는 동안 마음이 매우 불안했다. 내가 태어나고 자란 두식동에서 끔찍한 사건이라니! 설마 피해자가 내가 아는 사람은 아니겠지? 제발 그런 일은 없기를 간절히 바라며 발길을 재촉했다.

후다다닥

날짜	2036년 3월 10일	날씨	흐림
제목	프로파일러, 김뚜순이 나가신다!		

떨리는 마음으로 사건 현장에 도착했다.

사실 프로파일러에게 맡겨지는 사건은 대부분 범죄 수사의 **골든타임**이

지난 사건들이다. 범인을 찾을 수 있는 **결정적인 단서**인 **CCTV**나

*블랙박스 영상들이 이미 삭제되어 수사에

어려움을 겪고 있는 사건이라는 말이다.

나는 사건 현장을 둘러보며 마음속으로

생각했다.

피해자는 이 시간에 여기에서 무엇을 하고 있었을까?

나는 피해자와 범인의 입장이 되어

사건 현장을 꼼꼼하게 살펴보았다.

'흠, 이번 사건은 쉽지 않겠군.'

하지만 나는 포기하지 않을 거다.

억울한 사람이 없는 정의로운 세상을

만들겠다는 간절한 마음으로 수사를

하다 보면 반드시 범인은 잡힐 테니까!

골든타임

화재 등의 사고가 발생했을 때 생명을 구조할 수 있는 중요한 시간을 말한다. 범죄 수사에서는 결정적인 단서들이 훼손되기 전 범인을 잡을 수 있는 시간을 말하기도 한다.

*블랙박스 : 비행기나 차량 등에 있는 비행 또는 주행 자료 자동 기록 장치.

29

과학일기

내가
분명히
봤어!

32

마이클

다음 날, 동만이가 잔뜩 풀이 죽어 학교에 왔다.

 어제 도둑으로 오해를 받아서
경찰서에 다녀왔어.

 뭐? 도대체 왜?

 어제 너랑 인사하고 가고 있는데, 어떤 아저씨가 뛰어와서
다짜고짜 도둑을 잡았다며 소리를 지르는 거야.
결국에는 경찰 아저씨까지 오셨다니까…….

그 말을 듣는 순간, 나는 식은땀이 주르륵 났다.

 그, 그 아저씨는 왜 그랬대?

 그 아저씨는 두식 문구점 사장님인데, 물건을 훔친 도둑을
쫓고 계셨대. 근데 누가 그게 나라고 얘기를 했다는 거야.

33

동만이는 잔뜩 굳은 내 얼굴을 보더니,

마이클, 너 표정이 왜 그래?

사실……, 어제 그 아저씨가 나한테 네 사진을
보여 주면서 너를 봤냐고 묻길래 내가 말해 줬거든.

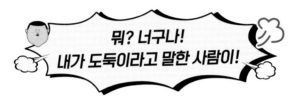

뭐? 너구나!
내가 도둑이라고 말한 사람이!

내가 언제 너를 도둑이라고 했어! 네 사진을 보여 주면서
봤는지 물어봐서 봤다고 대답했을 뿐인데.

너무해! 그 사진 속 사람이 나라고 왜 거짓말을 한 거야?

그 사진이 너였으니까!

나도 모르게 빽 소리를 지르고 말았다.

이날 동만이와 나
는 하루 종일 한마
디도 하지 않았다.
중간에서 뚜식이랑
봉대가 눈치를 보며
힘들어했다.

며칠이 지났지만, 나랑 동만이는 여전히 아무 말도 하지 않고 있다. 어쩌다 이렇게 됐을까? 난 그저 본 것을 그대로 말했을 뿐인데, 거짓말쟁이에 친구를 배신한 배신자가 되어 버렸다.

지금이라도 동만이한테 사과할까?

쳇, 내가 잘못한 것도 없는데 사과를 왜 해? 난 본 대로 말했을 뿐이야.

 그때 뚜식이에게 전화가 왔다.

마이클, 두식 공원으로 나와!

뭐? 두식 공원? 요즘 거기 호수에서 **귀신**이 나온다는 소문이 있는데……

 뚜식아, 거기 귀신 나온대.

 동만이도 온대. 얼른 나와!

동만이가 나온다는 말에 할 수 없이 공원으로 갔다. 저녁이라 공원에는 사람이 거의 없었다.

쑤욱

첨벙

첨벙

두식 공원

흰색 물체

휘리릭

화들짝

으악! 방금 뭐가 지나갔어!

동만아, 너도 봤지?

응, 나도 봤어. 귀신 아니야?

불쑥

얘들아!

뚜식아, 방금 뭐 지나간 거 너도 봤어?

덜덜

흰 소복을 입은 귀신 같았어.

두둥

대롱

대롱

이거였는데?

흰색 비닐이었다고?

황당

?

분명히 귀신이었는데….

우리 뇌는 사물을 보면,
그게 무엇인지 빨리 판단하도록 진화했대.
인간은 필요한 정보의 대부분을 눈으로
받아들여야 하기 때문에 얼마나 빨리 사물을
판단하는지가 생존에 아주 중요했거든.

너희, 네스호 알아? 공룡처럼 생긴
괴생명체, 네시가 산다고 알려진
영국에 있는 호수야. 한 연구진이
네스호에서 실험을 하나 했어.
네스호 물속에 나무 기둥을 숨겼다가
관광객들 앞에서 슬쩍 물 밖으로
내밀었지. 조금 전에 내가 흰색 비닐로
너희에게 장난을 쳤던 것처럼 말이야. 잠시 후 관광객들에게
"본 것을 그림으로 그려 달라."고 하자, 뭘 그린 줄 알아?

뚜식일보

네시

네스호에
나타난
괴물의
정체!

나무 기둥을 그린 사람

편   안

괴생명체를 그린 사람

덜덜   덜덜

괴생명체가 산다는
소문을 의식한 사람

너희도 이 공원에 귀신이 나타난다는 소문을 듣고 왔기 때문에 무언가 보였을 때 당연히 귀신이라고 생각한 거야.

 나 기다렸어?

 눈의 시각 세포는 어두운 곳에서 밝고 어두운 정도는 구분하지만, 색이나 형태는 잘 구분하지 못해. 대부분의 사물이 희거나 검게 보이지. 그래서 마이클과 동만이는 잠깐 스치고 지나간 흰색 비닐 봉투를 흰 소복을 입은 귀신으로 착각한 거야.

 내가 너희를 왜 여기서 만나자고 했는 줄 아직도 모르겠어?

나랑 동만이는 모르겠다는 듯 고개를 저었다.

 마이클이 문구점 사장님이 보여 준 사진을 보고 왜 동만이라고 착각했는지 얘기해 주고 싶었어.

 내가 착각했다고? 그건 분명히 동만이 사진이었어.

 넌 초록색 모자를 쓴 동만이를 보고, 바로 사진으로 초록색 모자를 쓴 사람을 봤으니까 당연히 동만이라고 생각한 거야. **선입관**이지.

**아니야, 분명히
동만이었다니까!**

나는 억울한 마음에 버럭 큰 소

리를 치고 말았다.

 마이클, 넌 사진 속 사람의 얼굴은 못 봤잖아.

앗, 그제야 정신이 번쩍 들었다.

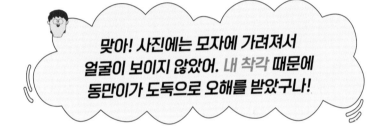
**맞아! 사진에는 모자에 가려져서
얼굴이 보이지 않았어. 내 착각 때문에
동만이가 도둑으로 오해를 받았구나!**

뚜식이는 우리를 화해시키기 위해 문구점 사장

님을 찾아가 그 사진을 확인했다고 했다. 뚜식

이의 말을 듣고 보니

나의 뇌가 착각해

서 잘못 본 걸

진짜라고 믿었

던 모양이다.

선입관

어떤 대상에 대하여 이미
마음속에 가지고 있는 쉽게
변하지 않는 생각.

내가
잘못 생각했나 봐.
바쁘면 그럴 수도
있지, 뭐~.

뻔
뻔

얘들아! 잘못한 사람은 문구점에서
물건을 훔친 사람인데, 우리끼리 다투지 말자.

뚜식이에게 들어 보니, 그 문구점에서 **초록색 모자를 쓴** 사
람이 물건을 훔치는 일이 종종 있었다고 했
다. 그래서 **CCTV**까지 설치했는데도, 대범
하게 계속 도둑질을 해서 화가 난 사장님이
직접 범인을 쫓은 거라고 했다.

동만아, 나 때문에 오해를 받게 해서 미안해.

나는 동만이에게 진심으로 사과했다.

동만이도 나에게 거짓말쟁이라고 화를 내서 미안하다고
했다. 이렇게 서로 오해를 푼 우리는 으스스한 이곳을 한시
라도 빨리 벗어나기로 했다.

그때였다. 갑자기 저쪽에서 불빛이 반짝였다.

얘들아, 빨리 와! 나 여기서 한참 기다렸어.

봉대였다. 우리는 봉대에게 달려갔다.

 마이클이랑 동만이 화해 기념으로 우리 집에서 파자마 파티 하자! 너희 부모님께는 우리 엄마가 전화해서 허락받아 주셨어.

 와~~~~~~~!!

나는 멋진 파티를 기대하며 친구들과 함께 봉대네 집으로 갔다. 하지만, 파티가 아닌 뚜식이의 **강의**를 듣게 되었다.

실제로 범죄 수사를 할 때 목격자가 잘못된 *진술을 하는 바람에 사건이 엉뚱한 방향으로 조사될 때가 많대. 마이클이 착각해서 진술을 잘못한 것처럼 말이야.

기억은 *객관적으로 저장되지 않기도 해. 인간의 인지 능력은 한계가 있어서 계속 들어오는 정보를 처리하기 어렵기 때문에 빠른 정보 처리를 위해 자신이 기억하는 진실을 다르게 받아들이기도 하거든.

  *진술: 일이나 상황에 대하여 자세하게 이야기함. 또는 그런 이야기.
*객관적 : 다른 사람의 입장에서 사건이나 사물을 파악하는 것.

 그리고 목격자나 용의자가 거짓말을 하기도 해서 진실과 거짓을 판단하기 위해 **폴리그래프**라는 장치를 사용하기도 해. 우리가 알고 있는 **거짓말 탐지기** 말이야.

우리가 거짓말을 하면 심리적으로 불안해져서 **호흡, 혈압, 맥박**이 달라지는데, 거짓말 탐지기로 이런 변화를 측정하여 거짓과 진실을 구분할 수 있다고 한다.

드디어 뚜식이의 설명이 끝났다. **야호!** 이제 정말 파티다. 그때 봉대가 등 뒤에서 무언가를 꺼냈다. 장난감 거짓말 탐지기였다.

> ## 거짓말 탐지기 ??
>
> 거짓말을 했을 때 나타나는 신체적인 반응을 통해 거짓과 진실을 구분하는 장치. 불안감을 잘 느끼거나, 죄의식을 느끼지 않는 사람에게는 잘못된 결과가 나올 수도 있다.

 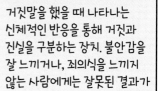 우리 지금부터 진실 게임 할까? 거짓말 나온 사람이 내일 닭꼬치 사기!

마이클의 알쏭달쏭 퀴즈

퀴즈 다음 중 거짓말을 하지 <u>않은</u> 사람은 누구일까?

1. 뚜식

갑자기 말을
많이 한다.

2. 동만

자연스럽게 손짓을
하며 이야기한다.

3. 마이클

코가 간지럽다며 자꾸
코를 만지거나 긁는다.

정답

2. 동만(자연스럽게 손짓을 하며 이야기한다.)

거짓말을 할 때는 들키지 않기 위해 최소한으로 움직이게 되어 동작이
뻣뻣하고 부자연스러워진다.

거짓말에 대해 조사하면서, 때로는 말보다 행동이 더 많은 뜻을 포함하고
있다는 것을 알게 되었다. 이를 비언어적 의사 소통이라고 하는데, 비언
어적 의사 소통은 반사적이고 순간적인 반응을 하는 변연계의 영향을 받아
서 주어진 상황이나 환경에 정직하게 나타난다고 한다.

거짓말을 할 때는 거짓말이 들통날까 봐 빨리 다른 이야기로 넘어가려고
말이 빨라지거나, 반대로 입을 꾹 다물어 버리는 사람이 있다고 한다.

그리고 정말 재미있는 사실도 하나 알게 되었다.

거짓말을 하면 긴장을 하게 되어 뇌에서 카테콜아민
이라는 호르몬이 나오는데, 이 영향으로 땀이 나고
혈관이 부풀어 오르면서 코 안쪽의 신경 조직이 자극을
받아 코가 간지럽다고 한다.

이때 아주 미세하게 코가 길어진다는데, 피노키오
처럼 쑤욱 길어지는 건 아니라고 하니 정말 다행이다.

프로파일러와 사이코패스

과학 호기심 범죄와 범죄자를 연구하는 프로파일러

지금처럼 대도시가 발달하기 전에는 무서운 범죄가 발생해도 대부분 범인을 금방 잡을 수 있었다고 합니다. 작은 마을에서는 이웃과 서로 잘 알고 지냈기 때문에 사건과 관련된 사람들을 조사하다 보면 범인을 찾을 수 있었지요.

그런데 지금은 많은 사람들이 도시에 살고 있습니다. 도시는 **익명성**이 크기 때문에 범인과 피해자의 관계를 밝히는 게 힘들지요. 익명성이 크다는 것은, 동네에서 마주치는 사람들이 누구이며, 무엇을 하는 사람인지 알기 힘들다는 뜻입니다.

그래서 '범죄 심리학'이라는 학문이 생겼습니다. **범죄 심리학**은 범죄와 범죄자에 관하여 연구하는 학문으로, 범죄를 저지르는 심리를 연구하고 어떻게 하면 그런 마음을 억제할 수 있는지도 연구합니다. 이런 연구를 하는 사람이 바로 프로파일러이지요.

프로파일러는 **미국 연방 수사국**(FBI, 미국 경찰 기관)에서 처음 생긴 직업입니다. 앞서 이야기했듯이, 도시에서는 범인과 피해자의 관계를 밝히기 힘들고, 심지어 미국은 엄청 넓기 때문에 방대한 데이터를 다루어야 합니다.

이때 다루는 데이터를 '프로파일'이라고 부르는데, 프로파일을 분석하는 사람들이 바로 '프로파일러'인 것이지요.

함께 알아보아요!

다른 사람의 마음에 무관심한 사이코패스

부모님 몰래 학원을 안 가고 친구들과 놀았다면, 집에 돌아올 때 마음이 조마조마할 것입니다. 잘못을 저질렀으니 마음이 불안한 건 당연하지요.

그런데, 잘못을 하고도 **죄의식**을 느끼지 못하는 사람들이 있습니다. 바로 **사이코패스적인 성향**의 사람들입니다. 사이코패스는 *반사회적 행동, 죄책감 결여 등의 특성을 가진 성격적 장애를 말합니다.

미국 펜실베니아대학교의 에이드리언 레인(Adrian Raine) 교수는 연구를 통해 사이코패스적인 사람들은 평소 심장 박동수나, 긴장할 때 나오는 땀의 양이 일반 사람들보

공감 능력 부족   **공격적인 성향**

다 적다는 것을 알게 되었습니다. **비정상적으로 침착하고 차분하다는 것**이지요.

일반 범죄자들과 사이코패스 범죄자들의 뇌 구조가 다르다는 연구 결과도 있습니다. 일반 범죄자들은 행동 조절을 담당하는 전전두엽에 이상이 있었고, 사이코패스 범죄자들은 전전두엽은 정상이지만 편도체에 이상이 있었습니다. 편도체는 공감 능력이나 죄책감과 관련된 일을 하는 부분이지요.

이렇듯 사이코패스적인 사람들은 일반 사람에 비해 크게 놀라지 않아 남들만큼 공포를 느끼지 않고, 자기가 한 일의 결과에 대한 두려움이 덜하다는 특성이 있습니다.

*반사회적: 사회의 규범이나 질서 또는 이익에 반대되는 것.

거짓말을 할 때 우리 몸에서 일어나는 일들

과학 호기심 완벽한 거짓말을 위한 4가지

거짓말을 하려면 **다음 4가지**를 생각해야 합니다.

◯ **하나.** 무엇이 진실인지 알아야 한다.

◯ **둘.** 진실을 숨기고 싶어 하는 욕구가 있어야 한다.

◯ **셋.** 사실을 대체할 가짜 정보를 준비해야 한다.

◯ **넷.** 거짓 정보를 상대방이 믿게 해야 한다.

쑤욱

거짓! 거짓!

그런데 이 4가지를 모두 만족하기 위해서는 생각보다 **높은 지능**이 필요합니다. 그래서 그럴듯한 **거짓말**을 하려면 적어도 4세 이상이어야 하고, 커 가면서 지능이 좋아지면 거짓말도 점차 정교해지지요.

거짓말을 할 때는 전전두엽, 뇌섬엽 등 주의력이나 기억력과 관련된 뇌 영역이 활성화되는데, 이러한 사실은 진실을 말하는 것보다 거짓말을 하는 것이 **더 많은 노력**을 요구한다는 것을 뜻합니다. 쉽게 말해서, 거짓말을 하는 건 정말 피곤한 일이라는 것이지요. 그렇기 때문에 잘못을 했을 때는 솔직하게 이야기하고, 사과하는 것이 **행복하고 편안한 마음**으로 살아갈 수 있는 방법이란 것을 기억하길 바랍니다.

함께 알아보아요!

거짓말을 귀신같이 알아채는 엄마의 비밀은?

뚜식이가 학원을 빼먹고 거짓말을 했다가 엄마에게 들켜서 엄청 혼이 났습니다. **엄마는 뚜식이의 거짓말을 알아채는 신비한 능력이라도 있는 걸까요?**
그런데 이런 엄마의 능력에 뇌 과학이 숨어 있다는 사실, 알고 있나요?

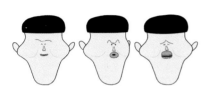

거짓말을 할 때 가장 어려운 것은 **표정을 숨기는 것**입니다. 거짓말을 하면, 자신도 모르게 눈썹을 씰룩거리거나, 입술을 깨물기도 하지요. 엄마는 뚜식이의 이런 모습을 보며 거짓말을 알아챈 것입니다.

우리의 뇌에는 얼굴 표정을 읽는 데 특화된 영역이 있습니다. 뇌과학자들은 이 영역을 '방추상 얼굴 인식 영역'이라고 부릅니다. 이 영역 덕분에 우리는 다른 사람의 표정만 보고도 그 사람의 기분이나 의도를 알아챌 수 있지요.

그런데 상대의 거짓말을 알아챌 수 있는 더 쉬운 방법이 있습니다. 상대의 눈을 지그시 30초 정도 바라보는 것입니다. 우리 얼굴에 있는 근육은 마음대로 움직일 수 있는 **'수의근'**과 의식적으로 움직일 수 없는 '불수의근'으로 나뉩니다. 눈동자 주변을 둘러싼 근육 **'눈둘레근'**은 의식적으로 움직일 수 없는 불수의근이지요. 그래서 억지로 웃음을 지으면, 입은 웃고 있지만 눈이 웃고 있지 않아 거짓 웃음이라는 것을 알 수 있답니다.

> 안녕하세요.
> 네? 우리 뚜식이가
> 오늘 학원에
> 안 왔다고요?

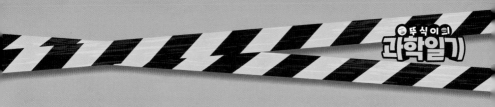

세 번째 일기

뇌가
시켰어!

무슨 일이에요?

오싹동 사건 범인이 사이코패스였대.

진짜?

엄마, 사이코패스는 충동적이어서 화도 잘 내고 공격적이래요.

다른 사람을 공감하는 능력도 부족하다고 하는구나.

이궁...

?

어?

허 격

충동적? 공격적? 공감 부족?

그럼 내가 혹시…?

53

뚜식이

나는 방으로 들어와서
컴퓨터를 켜고 **사이코
패스**에 대해 찾아봤다.
그런데, 이게 뭐지? 정말
내 이야기인가?

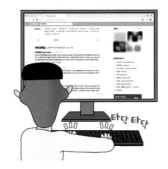

뚜식아,
엄마가 게임 아이템을 충동적으로
사지 말라고 몇 번을 말하니? 요즘 엄마가 무슨 말만 하면
화부터 내고 너무 공격적인 거 같아. 우리 뚜식이가
점점 자기 생각만 하는 거 같아서 속상하구나.

요즘 엄마가 나한테 하는 말인데, 이게
모두 사이코패스의 특징이라니……! 그럼
내가 곧 범죄자가 된다는 말인가?

충격~!!! 😮

상상만 해도 너무 끔찍했다. 그때 문득 한 사람이 떠올랐
다. 바로 외삼촌! 우리 삼촌은 경찰이다.
나는 곧바로 삼촌에게 전화를 걸었다.

삼촌! 삼촌의 도움이 필요해요!

삼촌은 흥분한 나를 진정시키며, 내일 경찰서 앞으로 오라고 하셨다.

다음 날 나는 삼촌을 찾아갔다. 삼촌은 나에게 무슨 일이냐고 물으셨다.

 삼촌, 아직은 비밀인데요. 제 뇌가 좀 이상한 거 같아요. 엄마가 요즘 저한테 하는 말이랑 뉴스에 나온 사이코패스의 특징이 비슷한데, 혹시 제가 사이코패스일까요?

삼촌은 엄마가 나에게 뭐라고 했는지 물으셨다.

나는 엄마가 나에게 하는 말을 그대로 삼촌에게 말씀드렸다. 내 이야기를 한참 듣고 있던 삼촌이 갑자기 그게 웃으셨다.

경찰 삼촌

뚜식아, 그건 사이코패스가 아니라 딱 십 대의 모습인데? 삼촌도 사춘기 때 뚜식이랑 똑같았어.

최창원

내 얼굴을 잠시 쳐다보던 삼촌이 진지한 얼굴로 말씀하셨다.

음~, 그러고 보니 사춘기의 뇌와 사이코패스의 뇌가 공통점이 있는 것 같네? 사춘기의 뇌는 전두엽이 성장 중이라 아직 공감하는 능력이 부족하고, 사이코패스의 뇌는 일반인보다 **전두엽**의 기능이 떨어져서 공감하는 능력이 부족하거든. 그리고 둘 다 감정을 잘 다스리지 못해서 쉽게 짜증 내고 화도 잘 내지.

둘 다 부족한 부분이 있는 거구나!

시무룩

나는 사춘기의 뇌야. 공감하는 방법을 공부하고 있는데, 너무 어려워.

삼촌은 나에게 사이코패스가 무엇인지 아냐고 물으셨다. 나는 인터넷에서 본 대로 **'반사회적 인격 장애를 가진 사람'** 이라고 대답했다.

삼촌이 직접 만나 본 사이코패스적 성향의 사람은 다음과 같은 특징이 있다고 했다.

다른 사람의 생각이나 입장을 **공감 하는 능력**이 부족하다.

감정을 통제하기 어려워하고 쉽게 화를 내며 **공격적** 이다.

대화를 할 때 시선을 잘 움직이지 않고 **상대를 똑바로 바라본다.**

 삼촌 말씀을 들어 보니 저는 확실히 사이코패스가 아닌 것 같아요. 정말 무서웠는데, 다행이에요.

 우리 뚜식이가 엉뚱한 건 알았지만, 범죄자가 될 걱정을 하는 줄은 몰랐네.

삼촌이 다시 한번 크게 웃으셨다. 그리고 잠시 무언가를 생각하더니 나에게 말씀하셨다.

뚜식아, 사이코패스의 뇌와 공격적인 유전자를 가졌다고 해서 모두 범죄자가 되는 건 아니야. 사이코패스의 성향을 지닌 사람도 사랑을 많이 받고 성장하면 부족한 공감 능력을 키워 나가면서 정상적으로 살아갈 수 있어. 그걸 스스로 증명하고 책까지 쓴 뇌과학자도 있단다.

이 사이코패스의 뇌 사진이 내 거라고?

뇌 사진

나는 삼촌이 말한 뇌과학자가
정말 대단하다고 생각했다.
　대화를 마친 삼촌은 만 원짜리
지폐 몇 장을 슬쩍 내 주머니에 넣어 주셨다.

 와, 정말 감사합니다.

 너, 이거 때문에 온 것 같다? 하하하하!

집으로 오는 길에 삼촌한테 받은 용돈으로 치킨을 샀다.

뚜식이의 오싹한 사건 일지

1993년부터 2009년까지 독일 등 여러 지역에서 일어난 범죄 현장에서 발견된 한 여성의 *DNA. '하일브론의 유령' 혹은 '얼굴 없는 여인'으로 불리던 여성 연쇄 살인범에 대해 조사해 보았다.

자료1

1993년, 독일 어느 마을에서 한 여성이 숨진 채 발견되었다. 목격자나 용의자를 찾지 못하고 현장에서 범인으로 의심되는 여성의 DNA만 발견되었다.

자료2

몇 년 후 다른 마을에서 한 남성이 숨진 채 발견되었다. 이 현장에서도 이전에 발견된 여성의 DNA만 발견되고 범인을 찾지 못했다.

자료3

이후 다른 사건 현장에서 버려진 주사기, 먹다 남은 쿠키, 훔친 자동차 등이 발견되었는데 여기에서도 그 여성의 DNA가 발견되었다.

*DNA: 우리 몸의 정보를 담고 있는 유전자의 본체.

| 사건 제목 | 하일브론의 유령을 만든 연쇄 살인 사건 |

자료4

독일 경찰이 피습을 당하는 사건뿐만 아니라 이 외 여러 사건에서도 '얼굴 없는 여인'의 DNA가 발견되자, 경찰은 범인이 지역을 넘나드는 여성 연쇄 살인범일 것이라고 추정했다.

언론에서는 정체를 알 수 없는 범인에게 사건이 일어난 지역의 이름을 따서 '하일브론의 유령'이라는 별명을 붙여 주었다.

2009년, 한 사건을 조사하기 위해 **DNA 검사**를 하던 중, 하일브론의 유령이라고 불리는 여성의 DNA가 발견되었다. 조사를 하던 사람은 무언가 이상한 생각이 들어서 새 면봉을 꺼내 다시 검사를 했다. 그런데 또 하일브론 유령의 DNA가 나왔다.

그제야 **면봉을 만든 공장의 직원**들을 대상으로 DNA 검사를 했고 드디어 DNA의 주인을 찾았는데, 어이없게도 면봉 공장의 여직원이었다.

직원이 일을 하다가 실수로 침과
땀을 통해 자신의 DNA를 면봉에
남겼던 것이다.

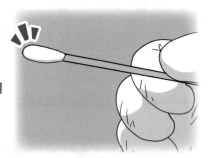

오랜 시간 동안 많은 사람들을 공포에
떨게 했던 하일브론 유령의 정체가
밝혀지는 순간이었다.

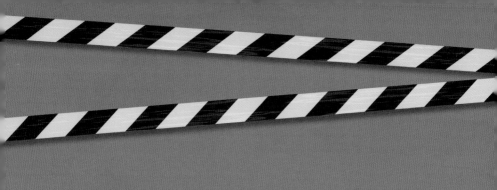

뚜식이의 과학일기

네 번째 일기

나만
아니면 돼!

뚜식이 휴대폰 화면

깨톡 깨톡 깨톡

진짜 웃김!!

오, 그럴 듯한데? ㅋㅋ

ㅎㅎㅎㅎㅎㅎ

ㅋㅋㅋㅋㅋ

깨톡 깨톡 깨톡

이건 어때?

ㅋㅋㅋ

ㅎㅎㅎ

ㅋㅋㅋㅋㅋ

깨톡

야! 이거 내 얼굴이잖아! 이게 뭐야!

재밌는데 왜 화를 내!

그래~, 장난인데 뭘 그렇게 화냄?

분위기 썰렁해졌다!

깨톡

황당

근데,
이런 사진을 깨톡에
올려도 되는 건가?

하하하! 김뚜식이잖아!

진짜 웃기다.

괴물 김뚜식!

이 기분은 뭐지…?

뚜식이

헉~! 우리 반 친구들과 함께 만든 단체 채팅방에 올라온 내 합성 사진을 보고 머리가 멍해졌다.

하하하! 진짜 웃긴다!

그동안 채팅방에 친구들의 합성 사진이 올라오면 나도 재밌다고 생각했다. 그러다 자신의 합성된 사진을 보고 화를 내는 친구가 있으면, 장난인데 왜 화를 낼까 싶었다.

다른 아이들도 나와 같은 생각이었는지 그 친구한테 오히려 장난인데 왜 화를 내냐고 했다. 그러자 그 뒤부터는 자기 사진이 올라와도 친구들은 아무 말도 하지 않았다. 그런데 괴물과 합성된 우스꽝스러운 내 사진을 보니, 당황스러웠다. 창피했다. 그리고 '이게 장난일까?'라는 생각이 들면서 마음이 불편했다.

그때 뚜순이 누나가 내 방문을 벌컥 열며 말했다.

벌컥

야, 김뚜식! 몇 번을 불렀는데 왜 대답이 없어? 엄마가 나와서 밥 먹으래.

이거 보느라 못 들었나 봐.
누나, 이거 장난 맞지?

나는 누나에게 우리 반 단체 채팅방 대화를 보여 주었다. 누나는 채팅방에 올라온 사진과 대화들을 보며 점점 표정이 굳어졌다.

 김뚜식, 넌 이게 장난이라고 생각해? 네 합성된 사진을 보고 기분이 어땠어? 당황스럽고 불쾌하지 않았어?

나는 잠시 망설였다.

 음……, 기분이 별로 좋지 않았어.

 상대방의 동의 없이 이런 사진을 올리는 건 잘못된 거야.

 근데, 장난이잖아…….

 뚜식아, 당하는 사람이 장난이라고 생각하지 않으면
그건 장난이 아니라 '폭력'일 수 있어.

아, 폭력! 그래서 내 마음이 아팠구나. 끄응.

 그럼 어떻게 해야 해?

 당장 그만하라고 해야지. 김뚜식, 너도 잘못한 거야.
친구들이 이런 장난을 하면 너라도 나서서 당하는
친구의 입장을 생각해서 그만하자고 말해야지.

내가 나서서? 알았어······

나는 그렇게 할 자신이 없었지만 알았다고

작은 목소리로 대답했다. 마음이 더 불편해졌다.

 너도 네 휴대폰에 저장한 사진이 있다면
삭제해. 다른 친구에게 전달하지 말고!

식탁 앞에 앉았다.

 왜 또 그래 왜? 둘이 싸웠어?

누나! 그걸 엄마한테까지 말하면 어떡해!

혁!

뚜식아, 그런 일은 어른한테 말하는 게 맞아. 안 그래도 요즘 단체 채팅방에서 이런저런 문제가 생긴다는데 너희도 그랬나 보구나! 그럴 때는 누구라도 나서서 친구들한테 잘못된 행동이라고 말하면 좋을 텐데.

엄마, 사실 저도 처음에는 친구들의 합성 사진이 웃겨서 같이 재밌어 했어요. 근데 막상 제 사진이 올라오니까 기분이 나쁘더라고요. 하지만 제가 화를 내거나 불편한 마음을 표현하면 괜히 저만 이상한 사람이 될 거 같았어요.

털썩

갑자기 내가 너무 큰 죄를 지은 것 같은 기분이 들었다. 그리고 억울한 기분도 조금 들었다.

뚜식아, 세상을 살다 보면 눈에 보이는 거짓을 모두가 '참'이라고 말할 때가 있어. 이때 '거짓'을 '거짓'이라고 말할 줄 아는 용기가 필요하지. 한 사람, 한 사람의 이런 용기가 모여 세상을 올바르게 바꿀 수 있는 거야.

알겠니?

그래서 밥 먹으러 나오기 전에 채팅방에 얘기했어요.
다른 사람을 불편하게 하는 사진은 올리지 말자고요. 그리고
지금까지 올라온 사진도 삭제하자고요. 다행히 찬성해 주는
친구들이 많아서 단체 채팅방 규칙도 만들기로 했어요.

뚜식이 말이 맞아.
사실 나도 좀 불편했어.

나도~.

나도 내 사진으로 장난쳤을 때
기분 나빴는데 말 못했어.

나도.

우리 앞으로 이런 사진은
올리지 말자.

 불편한 상황이었을 텐데 우리 뚜식이가
용기 있게 자기 생각을 잘 표현했구나.

엄마한테 혼이 날 줄 알았는데, 오히려 칭찬을 들으니 기
분이 이상했다. 몽글몽글 가슴 한 구석이 간질거리고 눈물이 나
올 것 같았다.

| 단체 채팅방 예절 |

다른 사람을
존중하는 대화를
나누고, 바른 언어
사용하기.

둘

다른 사람을
험담하지 않고, 다른
사람의 사진이나 영상을
함부로 올리지 않기.

중요한 일을 공유할 때만
대화를 나누고,
이른 시간과 늦은 시간에는
대화 자제하기.

내가 채팅방 분위기를 망치는 건 아닐까?

　사실, 채팅방에 올라오는 합성 사진을 보면서 장난을 넘어선 행동이라는 생각이 들었지만 내 생각을 표현하는 게 쉽지 않았다. 괜히 나 때문에 채팅방 분위기가 어색해질 것 같았기 때문이다.

　그런데 나와 같은 생각을 하고 있는 친구들이 많았다는 걸 알고 나니, 용기 내어 말하길 잘했다는 생각이 들었다.

단체 채팅방에서 친구들과 정보를 주고받을 수 있어서 좋지만 가끔 단체로 친구 한 명의 험담을 하는 일이 있어서 불편할 때도 있어요.

오늘 수학 시간에 반장이 잘난 척한다고 생각했던 사람~~ 손!

맞아. 항상 잘난 척이야!

어제 국어 시간에도 반장 때문에 숙제 생겼잖아.

요즘은 단체 채팅방에서 가짜 뉴스도 많이 퍼진대. 친구가 하는 말이니까 무조건 믿고 퍼트려서 문제가 된다고 하더라고.

식사를 하시던 할아버지의 말씀에 깜짝 놀라 여쭤봤다.

할아버지도 친구들이랑 단체 채팅을 하세요?

그럼~, 할아버지도 친구들이랑 채팅도 하고
영상도 주고받지. 뚜튜브 하는 친구도 있는걸?

할아버지, 그런데 가짜 뉴스가 뭐예요?

요즘은 사람들에게 관심을 끌기 위해 진짜가 아닌 소식을
마치 진짜처럼 만들어서 올리는 영상들이 많은가 보더라.
그걸 본 사람들이 진짜로 믿고 또 다른 사람에게 전하게 되니
가짜 뉴스가 퍼지는 거지.

그런 가짜 뉴스를 진짜로 믿는 사람이 있다고요?
딱 봐도 거짓말 같은데⋯⋯.

뚜순아, *삼인성호(三人成虎)라는 말이 있단다.

72

*삼인성호: 세 사람이 짜면 거리에 호랑이가 나왔다는 거짓말도 꾸밀 수 있다는 뜻으로,
근거 없는 말이라도 여러 사람이 말하면 믿게 됨을 이르는 말.

나는 갑자기 혼란에 빠졌다. 서연이 누나까지 그렇게 말한다면 정말 **호랑이가 나타났다**는 생각이 들 것 같았다.

이 이야기에서 말하려는 건, 거짓말도 여러 번 되풀이하면 참말처럼 여겨진다는 거야. 그래서 가짜 뉴스가 무서운 거란다.

며칠 전에 봉대가 나에게 영상 하나를 보여 준 일이 떠올랐다. 봉대가 어울리지 않는 옷을 입고 웃긴 춤을 추는 영상이었다.

 봉대야, 너 언제 이런 재밌는 영상을 찍었어?

 이거 나 아니야! 어떤 애가 만든 **딥페이크** 영상이야.

 이게 딥페이크라고? 일반 합성 사진과는 진짜 다르다. 엄청 잘 만들었네. 너무 웃겨.

내가 **깔깔** 웃어대자 봉대는 아무 말도 하지 않았다. 지금 생각해 보니 봉대도 나처럼 그냥 넘어가야 할지, 화를 내도 될지를 몰라서 나에게 의논하려고 했던 것 같다.

그런데 나는 봉대의 마음을 몰라주고 재미있다고 웃기만 했다. 갑자기 봉대에게 미안한 마음이 들었다.

앞으로 내 주변에서 이런 일이 생기지 않도록 자주 용기를 내야겠다고 생각했다.

뚜식이의 호기심 실험 일지

막대과자A와 길이가 같은 과자는 (가), (나), (다) 중
어느 것일까?

A   (가)   (나)   (다)

정답은 (다)!
A와
길이가 같은 건
(다)야.

맞아.
정답은 (다)야.

(다)야.

정답은
당연히
(다)지.

정답은
(다)!

실험 날짜	6월 21일	참가자	김뚜식, 김뚜순, 그리고 친구들
실험 주제	동조 효과		

정답은 정말 (다)일까? 아니다. 정답은 (나)이다.
그런데 많은 사람들이 이런 상황에서 봉대처럼 (다)라고 말한다.
다른 사람들이 모두 (다)라고 하니까 자기도 똑같이 대답하는 것이
다. 이런 것을 '동조 효과'라고 한다.

우리가 이런 상황에서 정답을 제대로
대답하지 못하는 건 인간이 사회적
동물이기 때문이다. 인간은 옛날부터
무리를 지어 생활했는데, 무리에서
잘 어울리고 오래 살아 남으려면
많은 사람들의 의견을 따라야 했기
때문이다.

우리의 **뇌**를 **속일 수** 있을까요?

과학 호기심 *SNS를 자주 하면 내 얼굴을 잊어버릴 수 있다고?

SNS에 자신의 사진을 자주 올리는 사람들 중에는 보정이 된 사진 속 자신의 모습을 **진짜**라고 믿는 사람들이 있다고 합니다. 이런 현상을 '셀카 이형증'이라고 부르지요.

미국의학협회 학술지에 실린 한 논문에서는, 과도하게 보정이 된 사진이 **현실과 환상의 경계를** 흐리게 만들고, 자신의 신체 중 어느 부분을 없애야 할 결함으로 생각해 집착하게 만드는 '신체 이형증'을 유발할 수 있다고 경고했습니다.

예전에는 성형외과를 찾는 사람들이 유명인의 사진을 가져와서 유명인처럼 수술해 달라고 했는데, 요즘에는 보정한 자기 사진을 가져와서 사진 속 모습과 똑같이 수술해 달라 한다고 합니다.

우리는 자신의 모습을 직접 볼 수 없습니다. 거울을 통해서 보거나 다른 사람을 통해서 알게 되지요. 그래서 **다른 사람들이 자신을 어떻게 평가하느냐에 예민하게** 반응합니다. 다른 사람에게는 잘 보이지 않는 작은 점이나 여드름이 자신의 눈에는 엄청나게 크게 보이는 상황이 바로 타인의 평가에 민감한 심리적 반응의 대표적인 예이지요.

이런 문제가 반복되면 과도하게 거울을 보거나 외모를 꾸미고, 자신이 어떻게 보이는지 안심시켜 주는 말에 집착하는 모습을 보이게 됩니다.

휴~
잘생긴 얼굴에 이렇게 큰 여드름이 생기다니….

*SNS: 소셜 네트워크 서비스(Social Network Service)의 줄임말. 온라인상에서 정보를 주고받을 수 있는 서비스.

그 결과, 자존감이 낮아지고 우울한 감정이 생기지요. **자신의 있는 그대로의 모습을 사랑할 수 있는 사람**이 되기 위해서라도 지나친 SNS 사용과 사진 보정은 유의하면 좋겠습니다.

과학 호기심 긍정적인 뇌 가스라이팅

미국 스탠퍼드대학교의 포그(Fogg) 박사가 쓴 <작은 습관들(Tiny Habits)>에 따르면, **실생활에서 바로바로 실천할 수 있는 작은 습관부터 시작하는 것이 건강한 뇌를** 만드는 데 효과적이라고 합니다.

예를 들어, 매일 한 시간 동안 공부하기 대신 10분 동안 영어 단어 외우기부터 시작하는 것이지요. 작지만 쉽게 실천할 수 있는 목표를 세우면 부담감이 줄고 좋은 습관을 만들 수 있는 가능성을 높여 줍니다.

그리고 새로운 습관을 만들 때는 원래 갖고 있던 습관과 연결하는 것도 좋은 방법입니다. 이런 방법을 '습관 쌓기(Habit Stacking)' 기법이라고 하는데, 학원에서 오자마자 숙제를 하고 친구들과 놀러 나가는 습관이 있다면, 여기에 덧붙여 책상 정리까지 하고 나오는 습관을 더하는 것이지요. 좋은 습관이 쌓이면 주변에서 칭찬을 듣게 되는데, 이는 **도파민 분비를 촉진해서 그 행동을 계속하고 싶어지게 만드는 선순환 과정**을 만들 수도 있습니다.

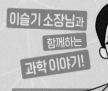

이슬기 소장님과 함께하는 과학 이야기!

뇌도 복사되는 동조 효과의 힘

과학 호기심 : 친구와 대화하는 뚜식이의 뇌가 반짝이는 이유

동조 효과는 한 사람이 어떤 상황에서 어떻게 행동해야 할지를 결정할 때, 속해 있는 집단의 규칙에 따라 그 행동이 정해진다는 심리학 용어입니다.

쉽게 말하면 '친구 따라 강남 간다'는 속담과도 같으며, 우리가 횡단보도에서 녹색 신호를 기다리고 있다가 옆 사람이 길을 건너면 신호도 보지 않은 채 따라서 출발하는 일 등을 동조 효과의 예라고 할 수 있습니다.

연구에 의하면, 동조 효과는 11세부터 13세 무렵 최고조에 이른다고 합니다. 이 시기의 아이들은 친구들과 공감대를 형성하고 그 사이에서 소속감을 얻기 위해 끊임없이 노력합니다. 그런 노력과 과정 속에서 서로가 연결되어 있고 친밀하다는 느낌을 갖게 되지요.

신기한 사실은 동조 효과에 의해서 단순히 마음만 가까워지는 것이 아니라, 실제로 서로의 뇌가 동시에 반짝이면서 활성화된다는 사실입니다.

너무너무 궁금해요!

미국 프린스턴대학교의 유리 해슨(Uri Hasson) 교수 연구팀은 *fMRI를 이용해 대화하는 두 사람의 뇌를 촬영했습니다. 그 결과, 대화가 활발해지면 말하는 사람과 듣는 사람의 **뇌가 활동하는 영역이 비슷해진다**는 사실이 밝혀졌습니다. 즉, 대화가 활발해지면 '뇌가 활동하는 영역이 서로 복사된 상태'가 된다고 할 수 있지요. '서로 마음이 통했다', '마음이 맞았다'와 같은 표현이 뇌의 활동에서도 비슷하게 나타나는 것입니다.

친구와 즐겁게 대화를 할 때 **서로의 뇌가 복사**된다는 사실이 너무나 신기합니다. 그래서 뚜식이도 친구들과 대화하는 것이 재미있다고 느꼈던 것일 테지요. 지금 여러분과 가장 말이 잘 통하는 사람은 누구인가요?

---

*fMRI : 기능자기공명영상법(functional magnetic resonance imaging). 뇌 활동 측정 기술.

뚜식이의
과학일기

★ 다섯 번째 일기 ★

거기
누구
있어요?

?

이번엔 꼭 이겨야 하는데….

누가 메시지를 보냈네?

혼자 게임하니까 재밌어?

너, 누구야?

나 몰라? 아직 소문 못 들었어?

네가 누군지 내가 어떻게 알아?

너처럼 게임만 하다가 악마에게 영혼을 팔고 귀신이 된 아이….

거짓말! 귀신이 어떻게 게임을 하냐!

못 믿겠어? 그럼 내가 거기로 갈게. 기다려.

뚜식이

가을이가 놀라서 소리를 질렀다. 그 소리에
나도 놀라고 말았다.

 천평이 너, 무서운 이야기 진짜 잘한다.

 그런가요? 헤헤.

천평이가 해 준 무서운 이야기는 예전에 들어서 이미 알
고 있던 이야기다. 며칠 동안 게임만 하
다가 게임에서 너무나 이기고 싶은
마음에 악마에게 영혼을 팔고 귀
신이 된 아이. 그 아이는 귀신이 된
뒤에도 게임을 하고 싶어서 밤새 게임을
하는 아이를 찾아다닌다고 했다.

천평이

하지만 나한테는 한 번도 오지 않았다. 나 말고도 밤늦게까지 게임을 하는 아이들이 많아서 그런가? **헤헤.**

 가을아, 천평이가 해 준 이야기 엄청 무섭지?

 아~니! 나는 하나도 안 무서운데?
나는 게임도 안 하고 잠도 일찍 자잖아.

가을이는 무섭지 않다면서 천평이 옆에 꼬옥 붙어 있었다. 진짜 천평이를 좋아하나 보다.

 뚜식이 오빠, 밤늦게까지 게임하지 마.
귀신이 찾아와서 같이 게임하자고 하면 어떡해.

 알았어, 오빠도 일찍 잘게. 천평이도 일찍 자!

 네. 그럴게요, 형!

하지만 밤이 되자 나는 또 컴퓨터 앞에 앉았다. 자기 전에 잠깐만 게임을 하고 잘 생각이었다.

 뚜식아, 방학이라고 너무 늦게 자지 말고 일찍 자~.

 네~.

나는 진짜, 진짜로 아주 잠깐만 하고 자려고 했다.

부르르~

뭐지? 방금 책상이 흔들린 거 같은데? 혹시 휴대폰 진동이 울린 건가 싶어 흘깃 휴대폰을 봤다. 하지만 휴대폰에는 아무 알림이 없었다. 근데 시간이……?

1:34

새벽 1시 34분? 벌써 시간이 이렇게 됐다고? 역시 게임을 하면 시간이 너무 빨리 지나간다. 나는 게임을 더 하고 싶었지만, 문득 게임 귀신 이야기가 떠올랐다.

삐질
삐질

그래, 건강을 생각해서 이제 그만 자야겠다. 귀신이 무서워서 그런 건 절대로 아니야.

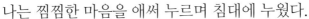

나는 찜찜한 마음을 애써 누르며 침대에 누웠다.

다음 날 아침.

 안녕히 주무셨어요!

 뚜식아, 어제 몇 시에 잤니?

앗! 밤늦게까지 게임한 걸 들킨 걸까?

 엄마 주무시고 바로 잤는데…….

 그래? 그럼 너도 몰랐겠구나!
어제 새벽에 지진이 난 것 같던데…….

휴~, 다행이다. 게임 때문에 혼나는 게 아니었구나!

어? 근데 지진이라고? 그럼 어제 책상이 흔들리던 그 느낌이 지진이었나? 괜히 겁을 먹었던 것 같아 살짝 억울한 기분이 들었다.

밤이 되어 나는 또 게임을 했다.

 뚜식아, 너무 늦게 자지 마라.
아빠 먼저 잔다.

아빠가 방문을 빼꼼히 열며 말씀하셨다.

 네, 이제 잘게요. 안녕히 주무세요.

아빠에게 대답을 하면서도 나는 게임을 멈추지 않았다.
시간이 얼마나 지났을까?

부르르~

또 떨리는 진동이 느껴졌다.
나는 반사적으로 휴대폰을
봤다.

1:34 !

1시 34분? 무척 낯익은 숫자다. 휴대폰에는 아무런 알림
이 없었다. 휴대폰 진동이 아니었다는 거다.

설마? 오늘도 지진인가? ??

우리나라도 이제 지진에서 안전한 나라가 아니라고 하지
만, 지진이 이렇게 자주 일어날 수 있나 싶었다. 그래도 확
인은 해야 할 것 같아서 뉴스를 검색했다. 지진이라는 이
야기가 없었다. 오소소 소름이
돋았다. 나는 후다닥 침대에 뛰
어들어 이불을 뒤집어썼다. 얼
른 자자!

폴터가이스트? 음, 들어 본 적 있다. 무서운 영상에 자주 나오는 단어다.

나, 그거 알아! '소란스러운 유령' 말하는 거지?

폴터가이스트는 독일어로 시끄러운 소리를 내는 영혼이라는 뜻이야. 물건이 소리를 내거나 움직이는 현상을 말하는데, 정확한 원인을 알 수 없을 때 유령의 장난으로 생각하는 거지.

물건이 움직인다고?

뚜순이 누나는 자신이 책에서 본 내용을 이야기해 줬다.

폴터가이스트를 과학적으로는 설명할 수 없는 초자연적인 현상이라고 하지만, 사실 모든 현상에는 이유가 숨어 있어. 우리는 미스터리한 현상을 보게 되면, 당황한 나머지 정확한 원인을 알아보기 전에 유령이라고 생각하게 돼. 우리가 이런 오해를 가장 많이 하는 상황이 바로 지진이야.

사람마다 지진의 진동을 느끼는 정도가 다르대.
그래서 지진을 느끼지 못하는 사람도 있는데, 지진을 느끼지
못하는 사람 주변에 있는 물체가 갑자기 흔들리면 그 사람은
폴터가이스트 현상을 의심하게 되는 거지.

나는 새벽마다 진동이 느껴져서 지진인가 했는데…….

김뚜식, 엄마한테는 일찍 잤다고 하지 않았니?

앗! 밤늦게까지 게임을 했던 일을 들키고 말았다.

헤헤, 엄마~! 방학이잖아요.

흠~. 뚜순아, 얘기 계속해 봐. 아주 재밌네.

이번에는 조금 어려운 이야기를 해 볼게요. 모든 물체는
자기의 *고유 진동수를 가지고 있대요. 그런데 어떤
물체의 고유 진동수와 동일한 진동수가 만나게 되면
공명 현상이 일어나요.

---

*고유 진동수: 어떤 물체가 가지고 있는 특유의 진동수(진동하는 횟수).

어떤 물체의 고유 진동수가 외부에서 가해지는 에너지의
진동수와 같아지면, 그 물체는 진동하며 소리도 내요.
이런 현상을 공명 현상이라고 하죠.

| 생활 속 공명 현상 |

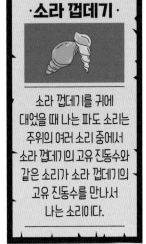

·소라 껍데기·

소라 껍데기를 귀에
대었을 때 나는 파도 소리는
주위의 여러 소리 중에서
소라 껍데기의 고유 진동수와
같은 소리가 소라 껍데기의
고유 진동수를 만나서
나는 소리이다.

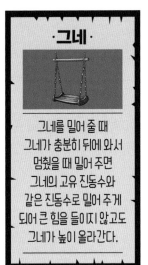

·그네·

그네를 밀어 줄 때
그네가 충분히 뒤에 와서
멈췄을 때 밀어 주면
그네의 고유 진동수와
같은 진동수로 밀어 주게
되어 큰 힘을 들이지 않고도
그네가 높이 올라간다.

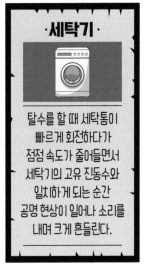

·세탁기·

탈수를 할 때 세탁통이
빠르게 회전하다가
점점 속도가 줄어들면서
세탁기의 고유 진동수와
일치하게 되는 순간
공명 현상이 일어나 소리를
내며 크게 흔들린다.

어머! 우리 뚜순이, 어쩜 이렇게 똑똑하니?

누나가 과학 용어를 쏟아 내자 엄마는 뿌듯한
시선으로 누나를 바라보셨다.

뚜순이 누나는 목소리를 가다듬고 설명을 계속했다.

 이번에는 감각 기관에 대한 이야기를 해 볼게요.
우리의 방귀 냄새가 어떤가요?

방귀라는 말에 지독한 우리 가족의 방귀 냄새가 떠올라 나랑 엄마는 코를 움켜잡았다.

엄청 지독하죠? 그런데, 시간이 조금 지나면 냄새가 다 사라지지 않았어도 참을 만해져요. 인간의 감각 기관이 그렇대요. 어떤 자극이 일정 시간 계속되면 둔감해지도록 되어 있는 거죠. 그래서 진동은 계속 이어지지만, 진동에 의한 흔들림에 둔감해져서 주변의 물체만 움직이는 것처럼 느껴지는 거래요.

뿌룽뿌룽 뿌뿌룽

 방귀 냄새로 설명해서 그런가? 귀에 쏙 들어오는구나.

부루루룩 부룩부룩

엄마는 여전히 감격스러운 얼굴로 뚜순이 누나를 바라보셨다.

하지만 나는 어디에선가 방귀 냄새가 나는 것 같아서 누나의 말에 도저히 집중할 수 없었다.

킁킁 킁킁

설마 누나가 방귀를 뀌었나?

나는 계속 코를 붙잡고 있었지만 누나는 꿋꿋하게 말을 이어 갔다.

그리고
강력한 **자기장**이나 **전자기파**,
열을 이용해서도 물체에 접촉하지 않고 움직이게
만들 수 있다고 해요. 많은 사람들이 지금까지 설명한
현상을 폴터가이스트라고 믿는 거죠.

짝
짝
짝

뚜순이, 정말 대단하다. 그걸 다 어떻게 알았어?

며칠 전부터 이상한 소리도 들리고, 우리 집에 수상한
일들이 일어나는 것 같아서 조사를 좀 해 봤어요.

나도 새벽 1시 34분만 되면 진동이 느껴져.

엄마도 밤사이 주방 물건들의 위치가 바뀌어 있어서
영 찜찜했는데……. 우리 집에 무슨 일이 벌어지고
있는 걸까? 혹시……

뚜식이의 호기심 실험 일지

척!

공명 현상을 이용해서 유리잔을 깨는 실험을
해 보려고 해. 내 실험 일지를 보고 따라 하면,
집에 있는 유리잔을 망가트려 부모님께 혼이 날 수 있어.
그리고 유리잔이 깨지면 매우 위험하기 때문에
절대로 따라 하지 마~!

실험 1단계

유리잔의 고유 진동수 확인하기

고유 진동수는 어떤 물체가 가지고 있는 **특유의 진동수(진동하는 횟수)**를
말한다. 유리잔의 진동수를 측정하려면 유리잔이 소리를 내도록 해야 한다.
그래서 나는 손에 물을 묻혀 유리잔의 가장자리를 문질렀다. 맑고 깨끗한
소리가 울려 퍼졌다. 이 소리의 진동수가 바로 유리잔의 고유 진동수이다.

1초에 약 700번
진동하는 중!

문질 문질

* <국립과천과학관> 자료 참고

실험 날짜	7월 12일	참가자	김뚜식, 유령
실험 주제	공명 현상으로 유리잔 깨기		

장비를 통해 측정했더니 유리잔의 진동수는 700Hz(헤르츠)가 나왔다.

즉, 유리잔이 1초에 약 700번 떨린다는 뜻이다.

유리잔의 진동수와 똑같은 진동수의 소리를 유리잔에 전달하기

귀를 보호할 수 있는 장비를 착용한 다음 스피커를 켜고

서서히 소리를 높여 보았다.

300, 400, 500, ……, **700Hz!**

파
직

유리잔이 깨졌다. 실험 성공!

유리잔의 고유 진동수와 똑같은 진동수가 발생한 순간

유리잔이 깨졌다. 정말 신기했다.

만약 혼자 있을 때 갑자기 유리잔이 깨진다면,

유령이 있다고 생각되어 벌벌 떨지도 모른다.

물건마다 가지는 진동수는 모두 다르다. 그러니

언제, 어떻게 같은 진동수를 가진 소리를 만나

공명 현상이 일어날지 알 수 없는 것이다.

내가 깬 거
아닌데….

뚜식이의 과학일기

여섯 번째 일기

누구니, 넌?

나는 도플갱어 전문가이다. 예전에 두식동에 우리 할아버지의 도플갱어가 나타났을 때도 용감하게 싸워서 무찔렀다.

히히, 사실은 할아버지가 도플갱어 행세를 하며 장난치신 거였지만~.

우리 할아버지랑 똑같이 생기셨는데요?

사람 잘못 보신 것 같아요.

그때 할아버지의 장난 덕분에 도플갱어에 대해 공부한 적이 있다. 요즘은 비슷한 외모의 두 사람을 보면 도플갱어 같다고 말하기도 한다.

독일어로 **도플**은 '두 명의', **갱어**는 '다니는 사람'이라는 뜻이다. 이 세상에 똑같이 생

….

참 이상한 학생이네….

속았지? 히히.

긴 두 사람이 돌아다닌다는 말이다. 그런데 문제는, 이 둘이 마주치면 둘 중 한 명이 목숨을 잃게 된다는 것이다.

우리 뚜순이 누나 큰일 났네. 내 친구들이 누나의 도플갱어를 봤으니 이제 어떡해.

그러자 봉대가 걱정스럽게 물어봤다.

도플갱어는 본인이 직접 마주쳐야 위험한 거 아니야?

나는 고개를 저으며 말했다.

 너희가 도플갱어를 봤다는 건, 그 도플갱어가 이 근처에 있다는 거잖아. 그러면 뚜순이 누나랑 마주칠 확률도 높다는 거지.

의외로 뚜순이 누나는 담담했다.

 그러면 김뚜식 네가 전에 보던 〈도플갱어를 만나도 살아남는 법〉 이라는 책을 빌려주면 되겠네. 살아남는 방법이 있으니까 그런 책도 있겠지~.

 그 책에도 별다른 방법은 없었어. 도플갱어를 마주치면 결국에는 둘 중 하나가 사라져야 한대.

 뚜순이 누나, 어떡해요?

친구들의 얼굴이 창백해졌다. 처음에는 친구들이 장난을 친다고 생각했는데, 표정을 보니 장난이 아니었다. 봉대는 거의 울기 직전이었다.

정말 뚜순이 누나랑 똑같이 생긴 사람이 있다고? 한 명으로도 충분히 무서운 존재인데, 한 명이 더 있다니 **소름**이 돋았다.

 너희는 오늘 본 사람이 뚜순이 누나의 도플갱어라고 생각하는 거지?

 응······.

 그럼, 다시 한번 자세히 이야기해 봐.

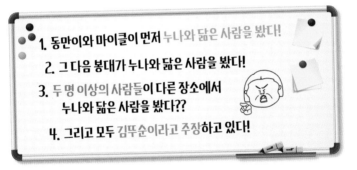

1. 동만이와 마이클이 먼저 누나와 닮은 사람을 봤다!
2. 그다음 봉대가 누나와 닮은 사람을 봤다!
3. 두 명 이상의 사람들이 다른 장소에서 누나와 닮은 사람을 봤다??
4. 그리고 모두 김뚜순이라고 주장하고 있다!

정말 도플갱어?

그럼, 이제 우리 누나는 어떻게 되는 걸까? 매일 엄마처럼 잔소리하는 누나지만, 가끔 용돈을 나눠 주기도 하는 우리 누나. 누나가 도플갱어를 만나 위험에 빠지게 될지도 모른다고 생각하니 아찔했다.

다른 가능성은 없을까? **혹시 쌍둥이?**

또식이

문득 또식이가 떠올랐다. 평행 세계에 있는 내 쌍둥이 동생 또식이.

나는 차원을 넘어 평행 세계에 다녀온 적이 있다. 그곳의 나에게는 또식이라는 쌍둥이 동생이 있었다. 나의 쌍둥이인 또식이가 있다면 또 다른 차원에는 뚜순이 누나의 쌍둥이인 또순이도 있지 않을까? 만약 다른 차원의 쌍둥이가 이 세계로 넘어온 거라면?

뚜식아, 꿈꾼 거 아니니?

으악! 우리 집에 있는 김뚜순 하나도 무서워 죽겠는데, 김뚜순이 둘이라니!

야, 김뚜식······!

나는 뚜순이 누나가 도플갱어를 만나서 위험해지는 것도 싫고, 뚜순이 누나의 쌍둥이가 나타나는 건 더 싫다.

 야, 전봇대! 됐으니까, 너희 걱정이나 해~.

 그럼 저희 엄마께 말씀드려서 24시간 경호원과 함께 다니시는 건 어떨까요?

봉대는 당장 엄마한테 연락할 기세였다.

워워~. 얘들아, 진정해.

괴테

 독일의 소설가 괴테 알지?

 괴테? 이름은 들어 봤어.

역시 내 친구다. 나도 괴테가 쓴
소설을 읽어 보지는 않았고, 이름만 안다.

나는 독일의 시인이자 철학자, 정치가였어요. 직업이 많죠?

후훗!

 괴테는 자신의 도플갱어와 마주쳤는데,
83살까지 잘 살았대. 그러니까 도플갱어를
봤다고 해서 모두 위험에 빠지는 건 아니야.

그런데, 도플갱어는 왜 죽음과 관련이 있는 걸까?

자신과 똑같은 사람이 나타나서 자기 자리를
빼앗을지도 모른다는 불안한 마음 때문이지 않을까?
실제로 '도플갱어 살인 사건'이라고 해서,
자신과 외모가 비슷한 사람의 신분을 빼앗기 위해
살인을 하는 사건이 있더라고.

갑자기 어렸을 때 들었던 옛날이야기가 생각이 났다. 주인
공이 자른 손톱을 먹고 자란 쥐 이야기였다. 그 이야기처
럼 우리 가족이 나를 몰라보고 내 흉내를 내는 도플갱어가
나인 줄 안다면 나는 어떻게 되는 거지?

그런데 손톱을 먹고 변신한 쥐가
마지막에 어떻게 됐더라? 고양이
를 데려와서 쫓아냈던가?

내가
진짜 뚜식이야,
찍찍.

 도플갱어가 아닐 거야.
누나, 걱정하지 마.

 야, 김뚜식! 난 처음부터 걱정하지
않았는데, 너희가 도플갱어 어쩌고
하면서 떠든 거잖아.

 누나, 저희는 누나가 걱정돼서…….

뚜순이 누나는 손을 휘휘 내저었다.

 야~! 시끄러우니까 너희, 밖에 나가서 놀아.

누나가 내쫓는 바람에 우리는 밖으로
나왔다.

아~, 이렇게 더운 날에는
집에서 에어컨 틀고 노는 게
제일 좋은데.

 더운데 아이스크림이라도 먹으러 갈까?

봉대의 말에 모두 편의점을 향해 걸었다.

나는 전속력으로 뚜순이 누나를 향해 달려갔다. 상황을 눈치
챈 친구들도 함께 뛰었다.

아까는 누나가 무서워할까 봐 말하지 않았지만, 도플갱
어가 '생령'이라고 말하는 사람도 있다. '살아 있는 사람의
영혼'이라는 것이다. 그래서 자신의 도플갱어를 만나면 크
게 놀라서 죽는다고 했다. 또 어떤 사람은 도플갱어에게
자신의 몸을 빼앗긴다고도 했다.

두식편의점

뚜드김밥

철퍼덕

투둑

투둑

동만이

절대로 둘이 마주치게 해서는 안 된다.

나는 얼른 뛰어가 누나의 눈을 가렸다. 내 뒤를 쫓아온 친구들은 누나를 에워쌌다.

 뭐냐, 너희~?

 누나! 얼른 집으로 가자!

그때였다. 저쪽에서 웃음소리가 들렸다. 흘끔 보니 뚜순이 누나의 도플갱어가 우리를 향해 다가오며 웃고 있었다.

뭐지? 무섭게 왜 저러지?

빨리 누나를 데리고 도망가야 하는데,

다리가 얼어붙어 꼼짝도 하지 않았다.

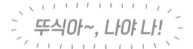
뚜식아~, 나야 나!

도플갱어가 말을 걸어왔다. 왜 나한테 아는 척을 하지?

혹시 저 사람이 진짜 뚜순이 누나인가?

나, 서연이 누나야~.

그러고 보니 목소리가 서연이 누나

같아서 자세히 보니 진짜 서연이 누나

였다. 그 순간 왈칵 눈물이 쏟아졌다.

 흑, 서연이 누나 연기 좀 하시네요.
그런데 어쩌다 뚜순이 누나가 되셨나요?

그때, 뚜순이 누나가 웃음을 터트렸다.

하하하하! 김뚜식!
내가 화장으로 서연이를
변신시켜 준 거야.

 아, 화장! 근데 저 정도면 분장 아닌가……

김뚜식, 네가 세상에서 가장 무서운 게 나라며! 그래서 그 무서운 누나가 둘이 되면 네가 얼마나 무서워할지 실험해 봤지! 어때? 제대로 오싹했냐?

 어, 오싹하다 못 해서 완전히 얼어 죽을 뻔했어. 아직도 떨린다.

나는 뚜순이 누나를 꽉 끌어안았다.

아우, 야! 더워, 저리 가!

뚜순이 누나는 기겁을 하며 빠져나가려 했지만, 나는 누나를 더욱 꽉 끌어안았다.

누나의 도플갱어가 없다니 정말 다행이다.

왜 이러는 거지?

아까부터 뭐 하는 거지?

뚜식이의 호기심 연구 일지

사람들은 놀이공원에 가면 무서운 놀이기구를 타거나 으스스한 귀신의 집에 들어간다. 눈을 가리면서 공포 영화를 보기도 한다. 사람들은 왜 이렇게 공포를 좋아하는 걸까? 그 이유를 조사해 보았다.

이유1 위험이 끝나고 느끼는 안도감

사람은 무서운 이야기나 상황을 접하게 되면 심장이 빨리 뛰는 등 몸이 긴장을 하게 된다. 그런데 위험한 순간이 끝나고 나면 안도감과 위험을 잘 피했다는 쾌감을 느낀다고 한다. 그래서 통제 가능한 괴로움은 더 큰 안정감을 준다는 말도 있다고 한다.

> 오~,
> 그럴 듯한데?

통제 가능한!

이유2 스트레스 해소

무서운 이야기를 통해 일상생활에서 느끼는 스트레스를 해소할 수 있다고 한다. 비현실적인 공포를 겪으면서 잠시나마 현실에서 벗어나는 느낌을 받고, 이로 인해 스트레스가 해소된다고 한다.

연구 날짜	8월 24일~8월 30일	참가자	김뚜식
연구 주제	사람들이 공포를 좋아하는 이유		

이유3 〉 공감대 형성

무서운 영화를 함께 보거나, 무서운 이야기를
함께 들으면 긴장을 하며 보낸 시간에
대해 공감대가 형성된다고 한다. 그래서
더 친밀감이 생긴다고 한다.

헤헤

> 서연이
> 누나한테 공포 영화
> 보러 가자고
> 해야지~!

이유4 〉 호기심 충족, 상상력 자극

사람은 누구나 호기심을 가지고 있다.
현실에서는 경험하지 못하는 무서운
이야기를 접하면서 상상 속의 존재나
미스터리한 존재에 대한 호기심과
탐구심을 충족시킬 수 있다. 그리고 상상력을
자극해 창의적인 생각을 할 수 있다.

> 아하! 그래서 내가
> 뚜순이 누나를 보고 있으면
> 상상력이 풍부해지는구나!

우리의 뇌가 왜 착각을 하는 걸까요?

과학 호기심 오싹한 유령 진동 증후군

지잉~. 분명히 휴대폰 진동이 느껴져서 확인해 봤는데, 아무 알림도 오지 않았던 경험이 있나요? 휴대폰 진동이 울리지 않았는데 진동을 느끼는 현상! 바로 '**유령 진동 증후군**'이라는 현상입니다.

유령 진동 증후군은 휴대폰을 많이 사용하는 요즘 사람들에게 흔히 발생하는 증상으로, 휴대폰을 넣어 둔 주머니의 **미세한 진동에도 우리의 뇌가 민감하게 반응**하는 것입니다.

우리의 뇌는 사용하는 에너지가 너무 많기 때문에 최대한 에너지를 아끼려고 노력합니다. 그래서 가능하면 원래 알고 있던 내용을 재활용해서 생각하려고 하지요. 그렇기 때문에 뇌과학자들은 우리의 뇌가 하는 일이 '**변하지 않는 패턴을 만들어서 예측하는 것**'이라고 생각합니다. 쉽게 말해서, 에너지를 아끼기 위해 어떠한 자극을 받으면 이전에 경험해 본 자극 중 하나로 생각하려는 것이지요.

뇌의 신경 세포들은 **서로 신호**를 보내기 위해 연결되어 있는데, 위에서 말한 현상은 뇌가 에너지를 아끼기 위해서 자주 연결되는 신호들 사이에 **지름길을 만드는 과정**이라고도 말할 수 있습니다. 그래서 우리가 '동해물과'라는 글자만 봐도 너무나 자연스럽게 '백두산이 마르고 닳도록'이라는 문장이 떠오르게 되는 것이지요.

우리가 자주 사용하는 말버릇이나 행동 습관 모두 이런 뇌의 패

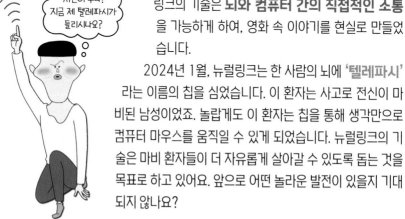

턴 때문에 생겨나는 것입니다. 유령 진동 증후군 역시, 우리의 뇌가 사소한 자극을 매일 같이 울려대는 휴대폰의 진동으로 오해하게 된 결과라고 할 수 있지요.

과학 호기심 텔레파시에 뇌 과학이 있다고?

우리가 맛보고 만지고 보고 듣는 모든 게 뇌에게는 그저 **'전기 신호 덩어리'**라는 사실, 알고 있나요?
과학자들은 이 전기 신호 덩어리를
'뇌파(Brain wave)'라고 부릅니다.
우리의 오감(시각, 촉각, 청각, 미각, 후각)은 모두
전기 신호로 바뀌어서 뇌로 전달됩니다. 그러면 뇌는 다시 전기 신호를 내보내 움직이라고 명령을 내리지요.

이러한 뇌의 전기 신호를 실제 생활에 적용한 회사가 있습니다. 바로 일론 머스크가 만든 '뉴럴링크(Neural Link)'라는 회사지요. 뉴럴링크의 기술은 **뇌와 컴퓨터 간의 직접적인 소통**을 가능하게 하여, 영화 속 이야기를 현실로 만들었습니다.

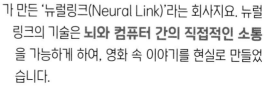

서연이 누나!
지금 제 텔레파시가
들리시나요?

2024년 1월, 뉴럴링크는 한 사람의 뇌에 **'텔레파시'**라는 이름의 칩을 심었습니다. 이 환자는 사고로 전신이 마비된 남성이었죠. 놀랍게도 이 환자는 칩을 통해 생각만으로 컴퓨터 마우스를 움직일 수 있게 되었습니다. 뉴럴링크의 기술은 마비 환자들이 더 자유롭게 살아갈 수 있도록 돕는 것을 목표로 하고 있어요. 앞으로 어떤 놀라운 발전이 있을지 기대되지 않나요?

뇌의 착각을 부르는 현상들

우리의 뇌는 전달받은 신호를 잘못 해석하기도 합니다.
이때 다양한 *환각이나 착각을 만들어 내기도 하지요. 뇌가
만들어 낸 신기한 현상들을 살펴보면서 뇌에 대해 알아볼까요?

과학 호기심 | 찰스 보넷 증후군(Charles Bonnett Syndrome)

찰스 보넷 증후군은 시력을 잃어 가거나, 뇌의 시각 영역에 문제가 있는 사람들이 겪는 현상입니다. 이 증후군을 가진 사람들은 실제로 존재하지 않는 **시각적 환각**을 경험하게 됩니다. 어떤 환자는 자신의 방 안에 갑자기 코끼리가 나타났다고 하고, 어떤 환자는 벽에 화려한 꽃무늬 패턴이 펼쳐지는 것을 보았다고 합니다.

신기한 것은 눈을 감으면 **환상**이 사라지기도 한다는 점입니다. 이러한 현상은 뇌에서 시각을 처리하는 시스템과 관련이 있습니다.

보통은 눈에서 받아들인 **시각 정보**가 **시신경**을 통해 뇌로 전달됩니다. 하지만 시력을 잃게 되면 이 정보의 흐름이 중단되지요.

그러면 뇌는 이를 보상하려고 노력합니다. 즉, 뇌가 **저장하고 있던 이미지나 패턴을 활성화**하여 환각을 만들어 내는 것이지요. 흥미로운 점은 찰스 보넷 증후군 환자들이 대부분 이러한 환각이 실제가 아니라는 것을 인식한다는 것입니다.

| 눈의 구조 |

*환각: 실제로 감각 기관을 자극하는 대상이나 눈에 보이는 것이 없는데도 그것이 진짜 있는 것처럼 느끼는 현상.

앗! 알고 싶어요!

실제로 이 증후군은 시각 장애를 가진 사람들이 경험할 수 있는 비교적 흔한 현상으로, 시각 정보가 부족할 때 뇌가 어떻게 반응하는지를 보여 주는 흥미로운 현상이기도 합니다.

과학 호기심 카그라스 망상(Capgras Delusion)

카그라스 망상은 자신의 가족이나 친구가 **똑같이 생긴 가짜**로 대체되었다고 믿는 증상입니다. 이러한 증상 때문에 **도플갱어**가 나타났다고 믿기도 하지요.

카그라스 망상을 겪는 한 남자는 자신의 아내가 똑같이 생긴 다른 사람으로 대체되

었다고 믿었습니다. 분명히 아내와 똑같이 생겼지만, 절대로 이사람은 자신의 아내가 아니라고 주장했지요.

이런 착각을 하게 되는 경우 시각을 담당하는 영역과 감정을 담당하는 영역의 연결이 손상되었을 가능성이 높습니다. 그래서 자신이 잘 아는 사람의 얼굴이지만, '**친밀한 감정**'을 느끼지 못하기 때문에 가짜라고 믿는 것이지요.

만약 가족이나 친구를 도플갱어라고 착각하는 사람이 있다면, 혹시 카그라스 망상을 겪고 있는 것은 아닐까요?

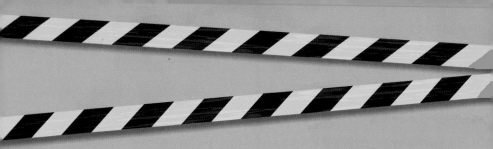

또식이의
과학일기

★ 일곱 번째 일기 ★

내가
잠든
사이에

뚜식이

아직도 귓가에 휴대폰 알람이 울리는 것 같다. 정신이 멍하다. 그래, 공부를 아무리 안 해도 이런 꿈을 좀 꿔 줘야 학생이지……

피곤하다. 마치 밤새 시험공부를 한 것 같다. 시험 기간도 아닌데, 왜 이런 꿈을 꾼 걸까? 학교에 가서 친구들에게 꿈 이야기를 하니까 동만이도 비슷한 꿈을 꾼 적이 있다고 했다.

꿈속에서 아침에 일어났는데, 늦잠을 잔 거야. 시험 보는 날이라 부랴부랴 학교로 뛰어갔는데 교문이 닫혀 있더라. 그래서 그 앞에 서서 울면서 제발 들여보내 달라고 소리치다가 깼어.

윽~, 상상만 해도 끔찍하다.

그런데 그날이 진짜 시험 보는 날이었는데,
다른 때보다 시험을 더 잘 본 거야.
그래서 꿈에 대해서 좀 알아봤는데, 시험에 대한
꿈을 자주 꾸는 사람이 그렇지 않은 사람보다
시험을 잘 볼 수 있대.

 정말?

걱정하는 일을 꿈속에서 미리 경험해 보기 때문에
실제로는 더 잘할 수 있는 거래.

나는 꿈속에서 본 시험 문제가 진짜 시험에
나왔다는 이야기도 들어 봤어.

나도 그거 들었어.
실제로 시험 공부할 때 너무
안 외워지던 내용이 있었는데,
꿈에서 그게 시험에 나왔대.
근데 틀리고 말았지.
잠에서 깼을 때 기분이 엄청
나빴지만 그 문제가 잊혀지지
않더래. 그리고 실제 시험에
그 문제가 나왔을 때는
정답을 맞혔다는 이야기야.

어?
꿈에서 본 문제가
진짜 시험에
나왔네?

어제 백 점 맞는 꿈을 꿨으니까 백 점 맞겠지?

봉대의 말을 듣고 나니 **아쉽다는** 생각이 들었다. 나도 시험 보기 전날에 그런 꿈을 꿨으면 공부를 안 하고도 시험을 잘 볼 수 있었을 텐데. 헤헤

 나는 **이가 빠지는 꿈을 꾸는 게** 가장 **별로야!**

동만이는 **꿈**에서 **윗니**가 빠지면 실제로 나보다 나이 많은 사람이 세상을 떠나게 되고, 꿈에서 **아랫니**가 빠지면 실제로 나보다 나이 어린 사람이 세상을 떠나게 된다는 말이 있다고 했다.

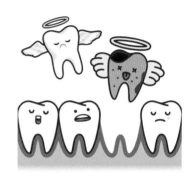

 으악! 그럼 몽땅 빠지면 어떻게 되는 거야?

 나는 지금까지 이가 빠지는 꿈을 자주 꿨는데, 주변에 돌아가시는 분이 없었어.

이가 빠지는 꿈 이야기를 하다 보니 어쩐지 기분이 **섬뜩**해졌다. 그런데 갑자기 마이클이 꿈에서 귀신을 본 적이 있다고 말했다.

헉! 귀신이라고? 그건 악몽이잖아!

도대체 악몽은 왜 꾸는 걸까?

그때 봉대가 조심스레 말했다.

 얘들아, 우리 가족의 수면 상태를 관리해 주시는 의사 선생님이 계신 거 알지?

나는
다이아수저!

아, 맞다. 내 친구 전봉대는 **다이아수저**
였지. 엄청 부자인 봉대네는 수면 상태를 관
리해 주러 매일 방문하시는 의사 선생님이 계
시다. 봉대는 그분에게 **꿈에 대해 궁금한 점을**
여쭤보자고 했다.

마침 다음 날이 토요일이라 미리 전화를 드리고 의사 선
생님을 찾아갔다.

**안녕하세요.
저는 봉대 군의 수면 상태를 관리하는
의사 '안수면'이라고 합니다.**

**여러분과 같은 성장기에는 좋은 수면
상태를 유지하는 것이 매우 중요합니다.
맑은 공기와 적당한 습도 등을 유지하는
쾌적한 환경에서 마음을 편안하게
가져야 잠을 푹 잘 수 있어요.**

우리는 의사 선생님께 꿈에 대해 여쭤보았다.

 우리의 뇌는 잠을 자는 동안에도 쉬엄쉬엄
움직입니다. 그런데, 꿈을 꾸는 동안에는 거의
깨어 있을 때만큼 활발하게 움직이지요.
그러면서 엄청난 사건을 만들어 냅니다.

그 엄청난 사건이란 바로 꿈을 말하는 거였다.

 우리는 꿈에서 자신의 과거로도 가고 미래로도 갑니다.
한 연구 결과에 따르면, 사람들은 자신이 알고 있는 것을
바탕으로 꿈을 꾼다고 합니다. 그래서 꿈은 뇌가 경험한 것을
기억으로 옮기는 과정이 아닐까 추측하는 사람도 있지요.

저는 잠에서 깨면 어떤 꿈을 꿨는지 거의 기억하지 못해요.

그러자 선생님은 자기 머리를

똑똑 두드리며 말씀하셨다.

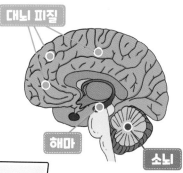

대뇌 피질

해마

소뇌

대뇌 피질은 감각을 느끼거나 몸을 움직이는 역할을 해요. 그리고 해마는 기억을 저장하지요. 그런데 잠을 자는 동안에는 대뇌 피질과 해마 사이의 연결이 약해지기 때문에 꿈을 기억하지 못할 수 있답니다.

나 말하는 건가?

하지만 악몽을 꿀 때는 좀 달라요. 악몽은 내용이 자극적이고 강렬하죠. 평소 쉽게 접할 수 없는 기괴한 내용도 많아요. 그렇다 보니 대뇌 피질에서 해마에 보내는 신호가 강해지는 거예요. 그래서 유독 악몽만 기억에 남는 경우가 많답니다. 이해가 좀 되시나요?

뇌에 있는 해마는 네가 아니야!

솔직히 어려운 단어가 좀 있었지만, 친구들이 고개를 끄덕이는 것을 보고 나도 얼른 따라서 고개를 끄덕였다.

대뇌 피질과 해마

대뇌는 부위에 따라 대뇌 피질, 대뇌 수질, 대뇌핵, 변연계로 구성되어 있는데, 대뇌 피질은 대뇌에서 가장 겉에 위치하는 신경 세포들의 집합이다.
해마는 뇌의 변연계에 있는 기관으로 기억의 저장과 상기(생각하여 냄)에 중요한 역할을 한다.

갓난아기들은 꿈을 꾸지 않아요. 성장하면서 꿈을 꾸는 능력이나 상상하는 능력이 함께 발달해 나가는 것이지요. 사진처럼 보였던 꿈이 영상처럼 보이고, 흑백이었던 꿈이 컬러로 보이기 시작하는 거예요.

다섯 살 정도가 되면 꿈속에서 자신이 주인공으로 등장하는데, 악몽도 그때부터 꾸게 된답니다.

의사 선생님은 어린이들이 어른보다 악몽을 더 자주 꾼다고 하셨다.

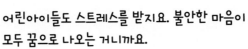

그것도 5배나 더!

엄마~, 꿈에서 누나가 내 과자를 뺏어 먹었어요.

흑흑

← 어린 뚜식

악몽은 스트레스를 받아서 꾸는 거 아닌가요? 어린아이들이 무슨 스트레스를 받는다고……

스트레스 →

나 찾았어?

어린아이들도 스트레스를 받지요. 불안한 마음이 모두 꿈으로 나오는 거니까요.

🧑 그럼 어린이들은 언제까지
악몽을 자주 꿔요?

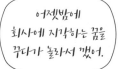

어젯밤에
회사에 지각하는 꿈을
꾸다가 놀라서 깼어.

🧑 청소년기가 되면 다양한 경험을
쌓고 여러 상황을 통해 훈련이
되면서 악몽을 꾸는 일도 줄어들어요.
어른도 악몽을 꾸지만 점점 현실적인
주제로 내용이 바뀌지요.

내가 빨리 어른이 돼서 악몽을 덜 꿨으면 좋겠다고 **투덜**
대자, 의사 선생님은 악몽이 꼭 나쁜 것만은 아니라고 하
셨다. 우리는 악몽을 통해 안 좋은 사건들을 경험하면서 더욱
단단해질 수 있다고 하셨다.

그런데 악몽을 꾸고 나면 왜 이렇게 피곤해요?

궁 금

악몽을 꾸는 동안 우리 몸에도 변화가 있기 때문이에요.

악몽을 꾸면 우리 뇌의 **편도체**라는 부분이 활성화되어 호흡이 빠르고 불규칙해져요.

두근 두근

헥헥

그리고 땀이 흐르고 심박수(심장 박동수)도 마구 올라가지요.

뿔뿔

두근 두근

악몽을 꾸고 나면 너무 피곤해서, 혹시 꿈을 꾸는 동안 내가 실제로 여기저기를 돌아다니는 건 아닐까 걱정했어요.

고 민

아, **몽유병**을 의심했군요?

136

원래 **렘수면(얕은 잠)**에 들어가면 몸은 마비된 상태와 비슷해져요.

꿈을 꾸면서 몸이 움직이지 않게 하기 위해서죠.

그런데 이때 의식만 깨어나면 **수면 마비(가위눌림)** 현상이 일어나는 거고,

뿔뿔

뿔뿔

몸이 움직이질 않아….

반대로 몸만 깨어나면 **몽유병**이 되는 거랍니다.

어슬렁

??

어슬렁

수면 마비 라는 단어를 듣는 순간 예전에 잠을 자다가 가위에 눌린 일이 떠올랐다.

 예전에 가위에 눌려 본 적이 있는데, 깨어나려고 간신히 눈을 뜨니까 귀신이 보여서 너무 무서웠어요.

 수면 마비 증상을 귀신 때문이라고 말하는 사람도 있지만, 사실 귀신하고 전혀 상관없습니다. 가위에 눌린다는 것은 잠을 자다가 뇌만 깨어나는 거예요. 그 상태에서 몸은 너무 피곤해서 깨어나지 못하고 있는 거지요. 그러면 뇌가 생각합니다.

 왜 몸이 깨어나지 못하는 거지?

이런 일도 있었다고 한다.

예전에 영국에서 15세 소녀가 새벽 2시에 40m 높이의 크레인 위에서 새근새근 자다가 구조되었다. 사람들이 그 소녀에게 왜 거기에서 잠을 잤는지 물어보니까 소녀는 기억이 나지 않는다고 했다. 상상만 해도 정말 아찔한 사건이다.

 몽유병이 있는 그 소녀는 잠에서 깨면 정말 스트레스를 받겠어요.

꿈은 우리 뇌가 만들어 내는 것이라 마음의 상태에 영향을 받아요. 그래서 스트레스를 받는 날에는 악몽을 꾸고, 악몽을 꾸면 그것 때문에 또 스트레스를 받지요.

 악순환이네요?

 그걸 끊어 내야지요. 스트레스를 받아서 악몽을 꿨다면, 반대로 좋은 생각과 편안한 마음을 갖도록 노력해서 좋은 꿈을 꿀 수도 있는 것이니까요.

며칠이 지났다.

잠을 자다가 무언가 짓누르는 느낌에 잠에서 깼다. 손가락 하나 까딱할 수 없이 온몸이 무거웠다. 마치 누군가 내 가슴 위에 앉아 힘껏 누르고 있는 것 같았다. 컥컥 숨을 쉴 수도 없었다.

설마 지금 가위에 눌린 건가? 그렇다면 이건 귀신의 짓이 아니라, 내 몸이 잠에서 덜 깬 것이다. 나는 너무 무서웠지만, 눈을 감고 마음을 가라앉혔다.

이건 가위에 눌린 게 아니야!
내 몸이 안 깨어난 것뿐이야! 귀신은 없어!

그러자 꽉 막혔던 숨이 조금 트이며 몸도 가벼워졌다. 휴~, 한숨을 내쉴 때 귓가에 음산한 목소리가 들렸다.

뚜식이의 인물 탐구 일지

탐구1 평범한 주부를 유명 소설가로 만들어 준 꿈 이야기

미국의 평범한 주부였던 '스테파니 메이어'가 어느 날 꿈을 꾸었다. 뱀파이어와 인간 소녀가 사랑에 빠지는 내용의 꿈이었다. 잠에서 깬 스테파니 메이어는 꿈 내용을 글로 쓰기 시작했다. 그녀는 평소 글을 즐겨 쓰던 사람이 아니었지만, 생생한 기억을 바탕으로 세 달 동안 글을 써서 마침내 소설을 완성했다. 그 소설이 바로 세계적으로 베스트셀러가 된 〈트와일라잇〉이다. 이 소설은 영화로도 만들어져서 많은 사람에게 큰 사랑을 받았다.

탐구2 끔찍한 악몽을 소설과 영화로 생생하게!

공포 소설 작가로 유명한 '스티븐 킹'은 어느 날, 깜박 잠이 들었다가 꿈을 꿨다. 한 여자가 자신이 좋아하는 작가를 쫓아다니다가 결국 작가를 죽음에 이르게 한다는 꿈이었다. 꿈에서 깬 그는 너무나 끔찍해서 당장 잊어버리고 싶었지만 꿈을 바탕으로 〈미저리〉라는 소설을 썼다. 〈미저리〉는 영화로 만들어졌고, 세계적으로 크게 흥행을 했다.

나도 내 꿈을 소설로 써 볼까?

142

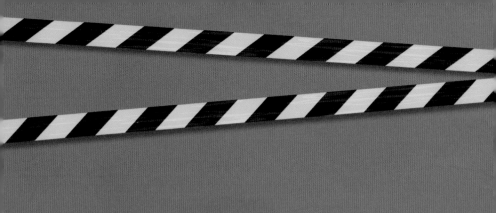

여덟 번째 일기

우리 별에
왜
왔니?

원룸소년단 야외 콘서트

와~! 와~!

너무 멋져!

이제 마지막 곡인가 봐, 너무 아쉽다.

이 시간이 영원했으면 좋겠어.

반 짝

어? 저게 뭐지? 얘들아, 저거 봐!

촥

홱

스윽 ?

휙 ?

뭐?

아무것도 안 보이는데?

하늘에 분명히 뭐가 떠 있었는데….

뚜순이

하늘에서 수상한 물체가 **깜빡깜빡** 불빛을 내뿜으며 한자리에 머물러 있다가 순식간에 사라졌다.

 혹시 UFO(유에프오)였을까?

 설마~! 비행기였겠지.

비행기가 한자리에 그렇게 오래 머물러 있을 수 있나?

지난번 뚜식이가 친구들과 우주여행을 다녀왔다고 했을 때 나는 믿지 않았다. 그런데, 막상 눈앞에서 수상한 비행 물체를 보고 나니 어쩌면 내가 모르는 무언가가 이 세상에 존재할지도 모른다는 생각이 들었다.

엄마! 저 오늘 봉대네 우주선 타고 우주에 다녀왔어요.

 정말 최고의 콘서트였어!

서연이와 지후는 아직 콘서트의 감동이 가시지 않는 듯했다. 나는 집으로 오는 내내 머릿속에 유에프오가 둥둥 떠다녔다.

UFO(유에프오)

UFO(Unidentified Flying Object, 미확인 비행 물체). 주로 외계인의 우주선이라는 개념으로 사용된다. 확실하게 밝혀진 것이 없어서 UAP(Unidentified Aerial Phenomenon, 미확인 공중 현상)라고 부르자는 과학자들도 있다. UFO가 비행 물체라면, UAP는 그 물체가 날아다니는 현상을 부르는 말이다.

야, 김뚜식! 너 전에 우주여행 했다고 했지?

그러자 뚜식이가 입을 삐죽이며, 이제야 자기 말을 믿는 거냐며 퉁명스럽게 말했다.

 우주에 가서 외계인도 만났어. 봉대가 외계어를 할 줄 알아서 대화도 했어.

뭐? 외계인!? ??

휴~, 어디부터 어디까지 믿어야 하는 건지…….
혹시나 하고 뚜식이에게 물어본 내가 바보 같았다.

 정말이야~! 나중에 봉대가 또 가자고 했어.

 아~, 그러세요!

나는 방으로 들어와 컴퓨터 앞에 앉았다.

뚜식이가 외계인을 만났다는 말은 믿지 않았지만, 내가 어쩌면 유에프오를 봤을지 모른다는 생각에 **외계 생명체**에 대한 호기심이 생겼다.

미국의 천문학자 **프랭크 드레이크**는 만약 외계에 *문명이 있다면, 그들과 전파로 통신하는 것이 가능할 거라 생각했다고 한다. 그래서 인간과 *교신할 수 있는 외계 생명체의 수를 계산하는 **드레이크 방정식**을 만들었다. 그리고 이런 결론을 내렸다고 한다.

"이 넓은 우주 공간에 우리밖에 없다면 그건 엄청난 공간 낭비야!"

미국의 천문학자 **칼 세이건** 역시 프랭크 드레이크와 비슷한 생각을 했다.

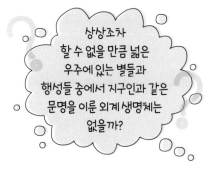

상상조차 할 수 없을 만큼 넓은 우주에 있는 별들과 행성들 중에서 지구인과 같은 문명을 이룬 외계 생명체는 없을까?

지구

덩그러니

---

*문명 : 인류(사람을 다른 동물과 구별하여 이르는 말)가 이루어 놓은 물질적, 기술적, 사회적 발전.
*교신하다 : 우편, 전화 따위로 정보나 의견을 주고받다.

짠~
괴물이 나타났다는 기록이 남겠지? 헤헤, 재밌다.

훌렁~

칼 세이건은 **지구의 나이가 45억 년**인 것을 생각해 보면, 한 번쯤은 외계 생명체가 지구에 방문했을 수 있다고 생각했다. 어쩌면 고대 신화에 나오는 괴물들이 **외계인**이었을지도 모른다고도 생각했다.

프랭크 드레이크랑 칼 세이건의 이야기를 읽다 보니 얼마 전, 제임스 웹 우주 망원경이 찍은 사진이 떠올랐다.

그 사진은 하늘의 아주 작은 부분을 찍은 것이었는데, 여러 개의 은하단이 보였다.

태양 같은 **거대한 별**이 천억 개 이상 모인 것이 **'은하'**고, 그 은하가 수백, 수천 개가 모인

©NASA

것이 **'은하단'**이라는데, 정말 놀라운 사진이라고 생각했다.

그런데 은하단이 여러 개 모여 있는 것이 하늘의 아주 작은 부분이라고 하니,

도대체 우주는 얼마나 넓은 걸까?

이렇게 넓은 우주에 인간만 살고 있다면 공간 낭비라는 말이 무슨 뜻인지 알 것 같았다.

과학자들 중에는 외계인이 있다고 믿는 사람들도 있는데, 그중에는 외계인이 보낸 신호를 받았다고 믿는 사람도 있다고 한다.

1977년, 미국의 천문학자 제리 R. 에만은 **'빅 이어'**라는 전파 망원경에 수신된 외계 전파를 분석하던 도중 매우 놀라운 것을 발견했다.

우주로부터 전해진 전파 중에 'Wow(와우)'라고 해석되는 기록이 있었기 때문이다. 이것은 오늘날까지 외계인이 보냈을지도 모르는 유일한 신호로 남아 있다고 한다.

어떤 과학자들은 다른 행성에도 빛과 공기 오염이 있는지 살펴보고 있다고 한다. 빛과 공기 오염이 지적 생명체가 만든 기술의 증거이기 때문이다.

흠~, 지적 생명체가 만들어 낸 기술의 증거가 고작 공기 오염이라니. 인간이 없었다면 지구도 지금처럼 오염되지 않았을 거라고 생각하니 씁쓸했다.

나는 뚜식이에게 가서 다시 물었다.

 외계인이 전봉대한테 뭐라고 했어?

 친구들이랑 재미있게 놀다 가라고 했어. 봉대가 그러는데, 외계인들은 다 착하대.

아! 뚜식이랑 그 친구들이 외계인을 만났다는 이야기만 큼이나 황당한 이야기가 생각났다. ><

미국의 대통령이었던 로널드 레이건의 이야기다. 원래 로널드 레이건은 영화배우였다. 그런데 어느 날, 외계인이 텔레파시를 보내 "배우 생활을 그만두고 빨리 정치로 나서라!"고 해서 정치를 시작했다고 한다.

레이건 대통령 이야기를 믿어야 하나 말아야 하나 고민하고 있는데, 엄마가 부르셨다.

뚜순아, 밥 먹자~!

식탁에 앉자 엄마가 물으셨다.

우리 뚜순이, 지금까지 공부한 거야?

헤헤, 공부는 아니고 외계인에 대해 좀 찾아봤어요.

외계인? 갑자기 외계인은 왜?

제가 원룸소년단 콘서트에 갔다가 유에프오를 본 거 같아서요.

하하하!
누나! 내가 우주여행 다녀왔다고
했을 때는 믿지도 않더니,
갑자기 무슨 유에프오야?

푸하하
푸하하

김뚜식은 뭐가 그렇게 웃긴지 계속 웃었다.

그런데 그때, 아빠가 진지한 얼굴로
말씀하셨다.

아빠는 뚜순이 말 믿어.
사실 아빠도 예전에
유에프오를 봤거든.

아빠도요?

응. 2002년에 너희 엄마랑 같이 월드컵 축구 거리 응원을 했는데, 그때 유에프오를 봤어. 내가 잘못 봤나 했는데, 나중에 보니 그날 나처럼 유에프오를 목격한 사람이 또 있더라고.

와, 그럼 아빠가 보신 게 유에프오가 맞나 봐요.

아빠랑 딸이 유에프오를 보다니! 이것도 기념인데, 우리 나중에 함께 로즈웰에 여행 갈까?

로즈웰이요?

응, 미국의 로즈웰이라는 도시에는 'UFO 박물관'도 있고, 연구소도 있대. 그리고 유에프오를 테마로 한 식당도 있대.

오~, 좋아요! 우리 꼭 가요.

몇 시간 전, 콘서트장

UFO 내부

2200년에서 2025년으로 시간 여행 온 소감이 어떠신가요?

기장

2025년은 이런 모습이었군요!

정말 신기하네요.

원룸소년단이라는 그룹이 콘서트를 하고 있는데, 이때는 AI가 아닌 사람이 직접 노래를 불렀답니다.

승객들

이런, 연료가 떨어졌네요. 2002년 때처럼 외계인 비행 물체가 나타났다는 기록이 남겠어요.

근데 우리가 2025년의 사람들 눈에 띄지는 않을까요?

삐삐삐

연료가 거의 떨어지면 그럴 수도 있죠.

난감

155

뚜순이의 오싹한 사건 일지

 사건1 로즈웰 UFO 추락 사건

1947년 미국 뉴멕시코의 작은 도시, **로즈웰**에서 추락 사건이 발생했다.

공군은 *비행접시가 추락했다고 발표했다가, 몇 시간 뒤 기상 관측용 기구였다고 정정 발표했다.

그런데 수십 년이 지난 뒤, 사건 관련자의 가족들이 여러 가지 증언을 내놓았다. 그때 추락한 것은 **외계인과 비행접시**였다고 말이다.

이런 끊임없는 논쟁 덕분에 로즈웰은 UFO와 관련한 유명 관광지가 되었다.

사건2 51구역의 진실

미국 네바다주의 사막 지대에는 '51구역'으로 알려진 **군사 시설**이 있다. 이곳의 정식 명칭은 **'그룸 호수 공군 기지'.**

*비행접시 : 접시와 비슷하게 생긴 정체불명의 비행체.

51구역이 사람들의 관심을 받기 시작한 것은 1989년 물리학자인
'로버트 라자르'라는 사람이 텔레비전 방송에 나온 뒤였다.
"저는 **51구역**에서 일했는데, 그곳에서 **UFO**를 9대나 보았습니다."
그의 말은 충격적이었다. 그 뒤, 51구역에서 일했다는 사람들이 하나둘
나타나면서 그곳에 대한 소문이 끊이지 않았다.

그러던 2013년, 그동안 51구역이 없다고 말했던 미국 중앙 정보국(CIA)은
51구역이 있다고 인정했다. 그리고 51구역은 새로운 전투기나 무기를
개발하고 실험하는 곳이라 지금까지 꽁꽁 숨겼다고 했다. 하지만, 많은
사람들이 그 말을 믿지 않았다.
51구역 근처를 지나는 375번 고속도로가 있는데, 이 도로를 지나는 많은
사람들이 UFO나 외계인을 보았다고
한다. 그래서 '**외계 도로**'라고
불린다. 51구역에 UFO나 외계인이
없다면, **그곳에서 일했던
사람들과 도로를 지나던
사람들이 본 것은 과연
무엇이었을까?**

임사 체험이란 무엇일까요?

과학 호기심 죽음을 경험한 사람들의 이야기

우리가 죽고 나면 어떤 세계가 기다리고 있을까요? 드라마나 영화에 나오는 것처럼 잠시 **영혼**이 머무는 곳이 정말로 있을까요?

죽음을 경험하고 온 사람들에 대한 과학적인 연구가 이루어진 적이 있습니다. 이러한 특별한 경험을 **임사 체험**(near death experience)이라고 부르지요. 사후(죽고 난 이후) 세계가 있는지 확실하게 말할 수 있는 사람은 없지만 임사 체험 즉, **죽다 살아난 경험**에 대해서 관찰할 수 있는 자료들이 있어서 연구가 가능했습니다.

임사 체험을 경험한 사례가 늘어나면서, 임사 체험을 하게 되는 다음이 **세 가지 조건**이 알려지게 되었습니다. **급성 심장 마비, 외상에 의한 뇌 손상, 과다 출혈**의 상태에서 죽다 살아난다는 것이었지요. 세 증상의 공통점은 일정 시간 동안 뇌로 혈액이 전달되지 않는다는 것입니다. 그 결과 심장이 멈추고 *뇌사 상태에 도달했을 때 나타나는 현상이 임사 체험입니다.

심장이 멈추면 뇌에 산소 공급이 끊기면서 점점 몽롱해지고 앞도 잘 보이지 않게 됩니다. 그런데 그 상황에서 갑자기 **자신의 삶**이 영화처럼 스쳐가거나, **영혼**이 몸에서 빠져나가거나, 사방이 빛으로 가득 찬 세계가 펼쳐지게 된다고 합니다. 흥미로운 건 임사 체험

*뇌사: 뇌의 기능이 완전히 멈추어 원래의 상태로 되돌아가지 않는 상태.

우리는 호기심 남매!

을 한 사람 대부분이 이런 공통된 경험을 이야기한다는 점입니다.

임사 체험에 대해서 가장 신뢰를 받는 과학적 주장은, 뇌의 산소 결핍에 의한 현상이라는 주장입니다. 그렇다면 이와 비슷한 상황에서 심장에 문제 생기면 임사 체험이 가능한 거 아닐까요?

실제로 그 일이 나사(NASA, 미국항공우주국)에서 일어났습니다. 나사의 우주 비행사들은 우주선을 타기 전에 다양한 훈련을 하는데, 중력 가속도를 견디는 훈련을 할 때 저산소증(산소가 부족한 상태)을 경험한다고 합니다. 그때 가운데는 밝고 주변은 어두운 터널이 나타나는 경험을 공통적으로 합니다.

임사 체험 사례와 비슷하지요? 산소가 떨어지면서 뇌의 각 부분의 연료가 하나씩 꺼지면서 나타나는 상황이라고 할 수 있습니다. 그래서 뇌과학자들은 임사 체험을 산소 결핍으로 인한 뇌의 착각이라고 생각합니다.

그런데, 무엇보다 지금 우리가 살아 있는 이 순간이 중요한 게 아닐까요? 사랑하는 사람들을 임사 체험의 순간에 다시 만나도 좋겠지만, 지금 곁에서 서로를 따뜻하게 대하고 즐거운 대화를 나누는 것이 더욱 소중하니까요.

우리가 잠을 자야 하는 이유

과학 호기심 | 며칠 동안 잠을 못 자면 죽을 수도 있다고?

우리가 잠을 자려고 누웠을 때, **수면을 유도하는 호르몬**들이 혈액을 타고 뇌로 가서 "이제 자야 할 시간이야."라고 말을 해 줘야 스르륵 잠들게 됩니다. 이때 **아데노신**과 **멜라토닌**이라는 호르몬의 역할이 중요하지요.

그런데 시험을 앞두고 밤을 새워 공부를 하기 위해 에너지음료를 마시는 것은 **수면 장애**를 일으킬 수 있으므로 조심해야 합니다. 에너지음료에 들어 있는 **카페인**이 **아데노신**이 지나는 길을 막아 졸음을 막기 때문이지요.

잠을 오랫동안 자지 않으면 우리 몸에 심각한 일이 생깁니다. **혈압**이 오르고 **환각**이 보이기도 하지요.

2014년, 중국에서는 월드컵 축구 경기를 보느라 48시간 동안 잠을 자지 않은 사람이 결국 **수면 부족**으로 목숨을 잃은 일도 있었지요. 그리고 무려 11일 동안 잠을 자지 않아서 **기네스북**에 오른 사람도 있습니다. 기록에 의하면 이 사람은 깨어 있은 지 3일이 되자 거리에 있는 간판을 사람으로 착각했고, 6일 정도 지나니까 근육을 마음대로 움직이기 힘들었으며, **단기 기억 상실 증상**도 보였다고 합니다.

우리는 호기심 남매!

우리는 왜 잠을 자야 하는 걸까요?

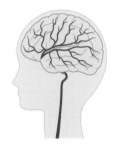

우리가 잠을 꼭 자야 하는 이유 중 하나로 **노폐물 이론**을 들 수 있습니다.

우리 몸은 하나의 거대한 공장과도 같습니다. 공장에서 폐수가 나오듯 우리 몸도 매일매일 노폐물을 쏟아내지요. 우리가 잠을 자는 동안 '뇌척수액'이라는 액체가 혈관을 타고 가면서 뇌를 청소해 줍니다. 한마디로 **낮 동안 쌓인 노폐물을 치우는 일은 잠을 자야만 가능**하다는 것이지요.

잠자는 동안 뇌로 우리 몸 전체 혈액의 20%가 흘러 들어갑니다. 뇌의 내부를 재구성해서 기억력과 주의력을 다듬어 놓기 위해서지요.

그렇기 때문에 잠을 제대로 자지 않는 것은 청소를 제대로 하지 않는 것이라고 할 수 있습니다. 청소를 안 하면 어떻게 되냐고요? **비만과 기억력 저하**는 물론 **뇌졸중과 같은 질병**이 생길 수 있으니, 우리 모두 잠을 잘 자야 합니다.

건강한 숙면을 위한 방법

하나, 너무 더운 환경 만들지 않기. 전문가들이 추천하는 방의 온도는 18.3도(℃) 정도입니다.

둘, 잠을 자기 전 미지근한 물로 샤워하기.

셋, 오후 4시 이후 낮잠 자지 않기. 정말 피곤하다면 15분 이내의 얕은 수면을 권장합니다.

뚜식이의 과학일기

미스터리 범죄

뚜식이
과학 신문

알쏭달쏭
착시 현상

미스터리 범죄
능력 평가

내가 어제 치킨을 먹었나, 안 먹었나?

진짜 기억 VS 가짜 기억

우리의 기억은 때로는 실제로 일어나지 않은 일을 기억하거나, 일어난 일을 다르게 기억하기도 합니다. 이런 현상을 기억 *왜곡이라고 하지요.

2021년, 기억과 관련한 흥미로운 실험이 있었습니다. 사람들에게 두 가지 물건을 짝을 지어 보여 주었습니다. 처음에는 연필, 지우개처럼 서로 관련 있는 물건들을 보여 주고, 다음에는 카메라, 가위처럼 서로 관련이 없는 물건들을 보여 주었습니다.

다음 날, 사람들에게 전날 보여 준 물건과 오늘 새롭게 보여 주는 물건을 구분하는 테스트를 해 보았습니다. 그런데 놀랍게도 사람들은 오늘 처음 보여 준 물건(공책)을 어제 봤다고 *착각하는 경우가 많았습니다. 어제 본 연필과 관련 있는 물건(공책)을 보았다고 착각한 것이지요. 뇌과학자들은 우리의 뇌가 비슷한 정보들을 묶어서 저장하기 때문에, 실제로 보지 않았지만 이미 본 것과 관련 있는 물건도 봤다고 착각하는 것이라고 합니다. 그리고 부정적인 감정이나 피곤한 상태가 기억 왜곡을 더 쉽게 만든다고 했습니다.

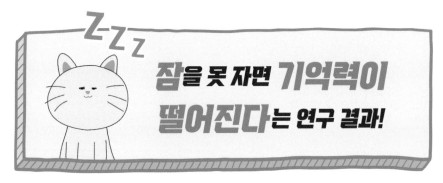

잠을 못 자면 **기억력이 떨어진다**는 연구 결과!

독일 프라이부르크대학교의 비요른 라스크(Bjorn Rasch) 교수가 생쥐를 활용해 꿈과 기억에 대한 연구를 했습니다.

쥐가 복잡한 미로를 몇 차례 통과하게 만들면, 미로를 통과할 때 활동했던 쥐의 신경 세포가 잠을 자는 동안 다시 *활성화됩니다. 그래서 잠자는 쥐의 두뇌 활동 패턴을 보면, 쥐가 미로 안에서 어떤 경로를 선택해서 통과했는지 *역추적이 가능하지요.

연구팀은 쥐가 잠자는 동안 전기 충격을 주면서 뇌의 활성화를 방해해 보

았습니다. 그 결과 쥐는 자신이 통과했던 미로의 경로를 잘 기억하지 못했습니다. 이 연구를 통해, 꿈을 꿀 때 우리의 경험이 *견고하게 기억된다는 것을 알 수 있었습니다. 우리가 잠을 자는 동안 그날 경험한 일이 뇌 속에서 재생된다는 사실이지요.

이 연구가 우리한테 주는 교훈은 명확합니다. 밤을 새우며 벼락치기로 공부를 하면 기억력이 떨어진다는 사실이지요. 그러니 여러분도 미리미리 공부하고 밤에는 잘 자도록 하세요.

이럴 수가! 나를 빼고 닭꼬치를 사 먹다니!

마음이 아프면 몸도 아프다고 밝혀져!

믿었던 사람에게 배신을 당한다는 것은 정말 참기 힘든 일입니다. 머리가 아프고 가슴이 욱신거리는 고통을 느끼게 되지요. 그런데 뇌 과학자들의 연구 결과, 마음이 아프면 정말 몸도 아프다고 합니다. 배신당한 사람의 뇌를 fMRI로 찍어 봤더니 몸이 다쳤을 때 '아파~'라고 소리치는 부위와 동일한 뇌의 영역이 활발하게 움직인 것이지요.

우리가 누군가에게 배신당했을 때 힘든 이유는 사람은 사회적 동물이기 때문입니다. 사람은 서로 믿고 도우면서 살아가야 행복한 존재인 것이지요. 그런데 아픈 마음도 뇌가 해결해 준다고 합니다. 우리가 상처를 받았을 때, 누군가 안아 주거나 어깨를 토닥여 주면 괜찮아지는 것은 우리 뇌에서 옥시토신이라는 호르몬이 나오면서 안정감이 생기기 때문이지요.

용어 알아보기

· 왜곡: 사실과 다르게 해석하거나 그릇되게 함.
· 착각: 어떤 사물이나 사실을 실제와 다르게 지각하거나 생각함.
· 활성화: 그 기능을 발휘함.
· 역추적: 시간이나 공간적인 순서를 거꾸로 하여 추적함.
· 견고하다: 굳고 단단하다.

가위에 눌리는 뚜식이 이대로 괜찮은가!

우리 뇌는 잠을 잘 때 '*렘수면 (REM)'이라는 단계를 거칩니다. 이때 뇌는 열심히 일하지만, 몸은 꼼짝도 하지 않지요. 이건 우리가 꿈속에서 뛰어다니더라도 실제 몸은 뛰어다니지 않게 하기 위해서입니다. 꿈속에서 뛰어다닌다고 해서 실제로 우리 몸이 침대를 벗어나 뛴다면 너무나 위험하겠지요!

그런데 가끔 뇌가 깨어났는데 몸은 아직 잠들어 있을 때가 있습니다. 이럴 때 마치 **몸이 움직이지 않는 느낌**이 드는 것이 **가위눌림**이지요.

가위눌림의 반대 현상이 바로 **몽유병**입니다. 가위눌림은 뇌는 깨어 있고 몸은 잠든 상태인 반면, 몽유병은 **뇌는 잠들어 있고 몸만 깨어난 상태**입니다. 그래서 몽유병 증상을 가진 사람들은 자기가 밤에 무엇을 했는지 기억하지 못합니다.

다행히 **규칙적으로 잠을 자고 스트레스를 줄이면** 이런 증상들을 줄일 수 있습니다.

잠을 자는 동안에도 우리의 뇌가 이렇게 많은 일을 하고 있다니 정말 놀랍지 않나요?

오늘 밤, 여러분의 뇌가 어떤 재미있는 일을 하고 있을지 상상해 보세요.

이게 나라고?

보이지 않는 곳에서 나쁜 행동을 하는 사람들의 심리!

FAKE 100%

인터넷과 인공 지능 기술이 발전하면서 딥페이크, 악플 같은 문제가 늘어나고 있습니다.

딥페이크는 인공 지능 기술을 이용해 사람의 얼굴이나 목소리를 조작해서 가짜 영상을 만드는 기술이지요. 악플은 인터넷에서 다른 사람에게 상처를 주는 나쁜 댓글을 말합니다.

심리학자들의 연구 결과, 딥페이크를 *악용하는 사람들은 타인에게 해를 끼치는 데 죄책감을 느끼지 않거나, 자신의 능력을 과시하려는 욕구가

강하다고 합니다. 악플을 쓰는 사람들 역시 *자존감이 낮아서 다른 사람에

게 악플을 쓰면서 잠시나마 *우월감을 느끼려는 목적이 있다고 합니다.

딥페이크 기술은 잘 사용하면 유익하지만, 잘못 사용하면 큰 피해를 줄 수 있습니다. 또 악플은 단순히 나쁜 말이 아니라, 누군가에게 깊은 상처를 줄 수 있다는 점을 알아야 합니다.

만약 우리가 이런 문제를 목격하거나 경험한다면, 반드시 주변에 알리고 도움을 요청해야 합니다.

용어 알아보기

· 렘수면: 잠을 자고 있는 듯 보이나 뇌파는 깨어 있는 수면 상태.
· 악용하다: 알맞지 않게 쓰거나 나쁜 일에 쓴다.
· 자존감: 자기 자신을 소중히 대하고 가치 있는 존재라고 생각하는 마음.
· 우월감: 남보다 낫다고 여기는 생각이나 느낌.

알쏭달쏭 착시 현상

1. (가)와 (나) 그림에서 가운데 있는 **주황색 원(동그라미)**이
   더 큰 것은 무엇일까요?

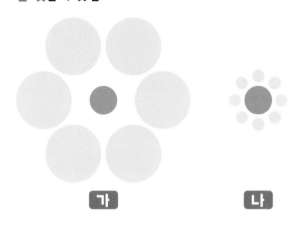

2. (가)와 (나) 중 어느 선의 **길이**가 더 길까요?

> 1번 (가)와 (나)의 가운데 있는 원의 크기는 같습니다.
> 2번 역시 (가)와 (나)의 선 길이는 같지요.
> 정답을 듣고 놀라셨나요?
> 1번과 2번에는 재미있는 착시 현상이 숨어 있습니다.

착시 현상이란 눈으로 본 것이 실제와 다르게 보이는 현상을 말합니다.
우리 뇌가 정보를 처리하는 과정에서 일어나는 '착각'이지요. 우리 뇌는
하루에도 수천 가지의 정보를 처리하는데, 효율성을 위해 때로는
'추측(미루어 생각하여 헤아림)'을 하게 되고 이때 착각이 일어납니다.

1번은 **에빙하우스 착시**로, 같은 크기의 원이지만 주변 원의 크기에 따라
다르게 보이는 현상입니다.
2번은 **뮐러-라이어 착시**로, 2개의 같은 길이의 선이지만 양쪽 끝에
있는 화살표 방향에 따라 길이가 다르게 보이는 현상입니다.

착시 현상은 예술, 디자인, 건축 등 다양한 분야에서 활용됩니다.
좁은 공간을 넓어 보이게 하는 인테리어 기법이나, 착시를 이용한
교통안전 표지판 등이 있지요.

어때? 다리가 길어
보이는 착시 효과야.

어때? 허리가 날씬해
보이는 착시 효과야.

뚜식이의 과학 일기 ┃미스터리 범죄┃

1교시

능력 평가 문제지

1. **[기억력]** 아빠의 휴대폰이 사라진 날, 누가 마지막으로 휴대폰을 사용 했나요?

① 하늘이   ② 할아버지
③ 봉구   ④ 뚜식이

2. **[과학]** 다음에서 이것은 무엇일까요?

> 이것은 딥 러닝(Deep Learning)과 가짜(Fake)의 합성어로, 인공 지능 을 활용한 인간 이미지 합성 기술 입니다.

① 딥페이크   ② 인공위성
③ 드론   ④ 알리바이

3. **[기억력]** 뚜순이 도플갱어의 정체는 누구였나요?

①

지후

②

동만

③

엄마

④

서연

4. **[기억력]** 봉대는 거짓말 탐지기로 진실 게임을 하자고 했어요. 거짓말이 나온 사람이 내일 무엇을 사기로 했나요?
(힌트: ㄷㄲㅊ)

(   )

능력 평가 문제지

1. [과학] 우리 생활에서 일어나는 공명 현상과 관련이 없는 것은?

① 소라 껍데기　　② 그네

③ 세탁기　　　　④ 인형

2. [기억력] 단체 채팅방 예절로 올바르지 않은 것은?

① 바른 언어 사용하기

② 다른 사람 험담하지 않기

③ 다른 사람의 사진을 함부로 올리지 않기

④ 아무 때나 자유롭게 대화 나누기

3. [기억력] 원룸소년단 콘서트에 간 뚜순이와 친구들 중 머리띠를 한 친구는 누구였나요?

(　　　　)

4. [상식] 다음 중 봉구의 여자 친구는?

①

②

③

④

5. [기억력] 뚜식이가 평행 세계에서 만난 쌍둥이 동생의 이름은?

① 또식이　　② 포식이

③ 뚜석이　　④ 뚜섭이

3교시 능력 평가 문제지

1. [기억력] 뚜식이는 매일 새벽 몇 시에 진동을 느꼈나요?

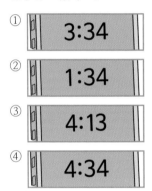

① 3:34

② 1:34

③ 4:13

④ 4:34

2. [과학] 빈칸에 알맞은 말을 써 넣으시오.

> 우리의 오감(시각, 촉각, 청각, 미각, 후각)은 모두 전기 신호로 바뀌어서 뇌로 전달됩니다. 과학자들은 이 전기 신호 덩어리를 [   ](이) 라고 부릅니다.

(   )

3. [기억력] 뚜순이가 뚜식이에게 빌려 달라고 한 책의 제목은 무엇인가요?

① 도플갱어와 친해지는 법

② 도플갱어를 만나도 살아남는 법

③ 도플갱어한테 편지 쓰는 법

④ 도플갱어와 대화하는 법

4. [과학] 괄호 안에 들어갈 말로 올바른 것을 고르시오.

> (   )는(은) 범죄를 저지르는 심리를 연구하고 분석하여 범죄 수사에 도움을 주는 일을 하는 사람이에요.

① 선생님   ② 프로파일러

③ 축구 선수   ④ 요리사

5. [상식] 뚜순이가 가장 좋아하는 간식은?

① 치킨   ② 순대

③ 닭꼬치   ④ 탕수육

뚜식이의 과학 일기 ┃ 미스터리 범죄 ┃

4교시

능력 평가 문제지

---

1. **[과학]** 숙면을 위한 좋은 방법이
   아닌 것은?
   ① 너무 더운 환경 만들지 않기
   ② 잠자기 전 휴대폰 하기
   ③ 잠자기 전 미지근한 물로 샤워하기
   ④ 오후 4시 이후 낮잠 자지 않기

2. **[기억력]** 영화배우 로널드 레이건에게
   '배우 생활을 그만두고 정치를 해.'
   라고 텔레파시를 보낸 건 누구인가요?

   ① 뚜식이
   ② 봉대
   ③ 외계인
   ④ 유령

3. **[과학]** 다음에서 설명하는 <u>이것</u>은
   무엇일까요?

   > 이것은 가위눌림의 반대 현상이에요.
   > 가위눌림은 뇌는 깨어 있고 몸은
   > 잠든 반면, 이것은 뇌는 잠들어 있고
   > 몸만 깨어난 상태이지요.

   (   )

4. **[상식]** 다음은 누구에 대한
   설명일까요?

   > 뚜식이의 사촌 동생이에요.
   > 천평이를 좋아하지요. 뚜식이에게
   > 밤늦게까지 게임을 하면 귀신이 찾아
   > 올 수 있으니 조심하라고 했어요.

   ① 여름이   ② 겨울이
   ③ 뚜순이   ④ 가을이

정답은 174쪽에!

173

미스터리 범죄 능력 평가 정답

뚜식이의 과학일기 | 미스터리 범죄 |

1교시 능력 평가 문제지

1. [기억력] 아빠의 휴대폰이 사라진 날, 누가 마지막으로 휴대폰을 사용했나요?
① 하늘이   ② 할아버지
③ 봉구   ④ 뚜식이

2. [과학] 다음에서 이것은 무엇일까요?

이것은 딥 러닝(Deep Learning)과 가짜(Fake)의 합성어로, 인공 지능을 활용한 인간 이미지 합성 기술입니다.

① 딥페이크   ② 인공위성
③ 드론   ④ 알리바이

3. [기억력] 뚜순이 도플갱어의 정체는 누구였나요?

 지후   동만

 엄마   서연

4. [기억력] 봉대는 거짓말 탐지기로 진실 게임을 하자고 했어요. 거짓말이 나온 사람은 내일 무엇을 사기로 했나요?
(힌트: ㄷㄲㅊ)

(닭꼬치)

170

뚜식이의 과학일기 | 미스터리 범죄 |

2교시 능력 평가 문제지

1. [과학] 우리 생활에서 일어나는 공팽 현상과 관련이 없는 것은?
① 소라 껍데기   ② 그네
③ 세탁기   ④ 진형

2. [기억력] 단체 채팅방 예절로 올바르지 않은 것은?
① 빠른 언어 사용하기
② 다른 사람 험담하지 않기
③ 다른 사람의 사진을 함부로 올리지 않기
④ 아무 때나 자유롭게 대화 나누기

3. [기억력] 원숭소년단 콘서트에 간 뚜순이와 친구들 중 머리띠를 한 친구는 누구인가요?

4. [상식] 다음 중 봉구의 여자 친구는?

5. [기억력] 뚜식이가 평행 세계에서 만난 쌍둥이 동생의 이름은?
① 뚜식이   ② 뽀식이
③ 뚜석이   ④ 뚜섭이

박지후

171

뚜식이의 과학일기 | 미스터리 범죄 |

3교시 능력 평가 문제지

1. [기억력] 뚜식이는 매일 새벽 몇 시에 진동을 느끼나요?

① 3:34
② 1:34
③ 4:13
④ 4:34

2. [과학] 빈칸에 알맞은 말을 써 넣으시오.

우리의 오감(시각, 촉각, 청각, 미각, 후각)은 모두 전기 신호로 바뀌어서 뇌로 전달됩니다. 과학자들은 이 전기 신호 덩어리를 [　　　](이)라고 부릅니다.

3. [기억력] 뚜순이가 뚜식이에게 빌려 달라고 한 책의 제목은 무엇인가요?
① 도플갱어와 친해지는 법
② 도플갱어를 만나도 살아남는 법
③ 전 휴대폰 쓰는 법
④ 도플갱어와 대화하는 법

4. [과학] 괄호 안에 들어갈 말로 올바른 것을 고르시오.

(　　　)는(은) 범죄를 저지르는 심리를 연구하고 분석하여 범죄 수사에 도움을 주는 일을 하는 사람이에요.

① 선생님   ② 프로파일러
③ 축구 선수   ④ 요리사

5. [상식] 뚜순이가 가장 좋아하는 간식은?
① 치킨   ② 순대
③ 닭꼬치   ④ 탕수육

(뇌파)

172

뚜식이의 과학일기 | 미스터리 범죄 |

4교시 능력 평가 문제지

1. [과학] 숙면을 위한 좋은 방법이 아닌 것은?
① 너무 더운 환경으로 하지 않기
② 잠자기 전 휴대폰 하기
③ 잠자기 전 미지근한 물로 샤워하기
④ 오후 4시 이후 낮잠 자지 않기

2. [기억력] 영화배우 로널드 레이건에게 '배우 생활을 그만두고 정치를 해.'라고 텔레파시를 보낸 건 누구인가요?

① 뚜식이
② 봉대
③ 뚜순이
④ 유령

3. [과학] 다음에서 설명하는 이것은 무엇일까요?

이것은 가위눌림의 반대 현상이에요. 가위눌림은 뇌는 깨어 있고 몸은 잠든 반면, 이것은 뇌는 잠들어 있고 몸은 깨어 있는 상태예요.

(몽유병)

4. [상식] 다음은 누구에 대한 설명일까요?

뚜식이의 사촌 동생이에요. 천평이를 좋아하지요. 뚜식이에게 밤늦게까지 게임을 하면 귀신이 찾아올 수 있으니 조심하라고 했어요.

① 여름이   ② 겨울이
③ 뚜순이   ④ 가을이

정답은 174쪽에! 173

뚜식이의 과학 일기 2권 <미스터리 범죄>는요!

초등학교 **1~2학년**
즐거운 생활
'신체 인식과 감각',

3학년 과학 '소리의 성질',
6학년 과학
'우리 몸의 구조와 기능'
교과 공부에 도움이 돼요.

그리고
중학교 과학 에도
도움이 되지요!

뚜식이의 *과학 일기를* 만든 사람들

원작 : 뚜식이

일상 속 다양한 상황과 황당하고 기발한 소재를 개성 넘치는 그림체의 애니메이션으로 구성하는 크리에이터입니다.

감수 및 과학 콘텐츠 : 이슬기

서울대학교에서 인지과학 박사를 수료하고, 현재 수인재두뇌과학 분당센터와 잠실센터에서 산만한 아이의 뇌 발달을 돕고 있습니다. 뇌과학, 심리학, 언어학, 철학, 인공지능이 융합된 인지과학을 전공했으며, 인지과학 분야의 이론 및 최신 연구들을 '네이버 부모' 전문가 섹션 및 강연, 방송 등을 통해 전달하고 있습니다.

글 : 최유성

호기심이 많고 엉뚱한 상상을 좋아합니다. MBC 창작 동화 공모에서 단편 동화 <곤줄박이 관찰 일기>로 대상, 우리교육 어린이책 작가상 창작 부문에서 <다름이의 남다른 여행>으로 대상을 수상하였습니다. 어린이책 전문작가로 활동하고 있으며 <색깔 속에 숨은 세상 이야기> 등을 펴냈습니다.

그림 : 신혜영

대원수퍼만화대상 공모전에 입상하여 작가로 데뷔, 만화잡지 '이슈'에서 작품을 시작하였습니다. 현재 웹툰과 어린이 학습만화를 오가며 다양한 장르의 작품을 통해 독자와 만나고 있습니다. [퀴즈 과학상식] 시리즈와 <신비아파트 틀린그림찾기 사전> <문방구TV 로블록스 코믹툰> 등을 펴냈습니다.

감수 : 샌드박스네트워크

최근 각광받고 있는 MCN 업계의 선두 주자. '크리에이터들의 상상력으로 세상 모두를 즐겁게!'라는 비전을 가지고 크리에이터가 자신의 창의력과 능력을 마음껏 발휘하는 디지털 문화 생태계를 조성하고자 합니다.

구성 및 디자인 : 윤보현

광고 기획 및 디자인을 시작으로 현재는 도서 기획 및 편집 디자인 작업도 함께 하고 있습니다. 스토리를 구성, 편집, 디자인까지 하는 캡처북 작업 등 도서 관련한 폭넓은 활동을 하고 있습니다.

참고 자료

- P van Lommel, "Near-death experience in survivors of cardiac arrest:
  a prospective study in the Netherlands"(2001)
- Naom, I. Eisenberger, "Does rejection hurt? An FMRI study of social exclusion"(2003)
- Uri Hasson, "Speaker–listener neural coupling underlies successful communication"(2010)
- Brianna L Verigin, "Lie prevalence, lie characteristics and strategies of self-reported
  good liars"(2019)
- Nobuhito Abe, "Neural Correlates of True Memory, False Memory, and Deception"(2008)
- Antonio G Lentoor, "Cognitive and neural mechanisms underlying false memories:
  misinformation, distortion or erroneous configuration?"(2023)
- Ruchen Deng, "Sleep Modulates Emotional Effect on False Memory"(2022)
- Jeffrey T. Hancock, "The Social Impact of Deepfakes"(2021)
- Jurjen Jansen and Rutger Leukfeldt, "Coping with Cybercrime Victimization:
  An Exploratory Study into the Impact and Change"(2018)
- Benjamin Gardner, "Making health habitual: the psychology of 'habit-formation' and
  general practice"(2012)
- Adrian Raine, "The Anatomy of Violence: The Biological Roots of Crime"(2014)

찾았다!

헉!

뭐지?

용의자

용의자

범인은 소파?

범채죄
노트

용의자

무서워.

아빠의
휴대폰 발견!

증인

뭐지? 방금 봉구가
웃은 거 같은데?

드드드~!
무슨 소리지?

또 지진인가?

발견했다!

증거

치킨 닭다리
실종 사건!

앗! 범인은?

혹시 착각?

증거

용돈은 모두
내가 써 버린 것!

아빠의 비상금
발견!

용의자

증거 수집
성공!

명탐정 김뚜식!!

~~알리바바!~~
알리바이!

두식 공원 호수에서
귀신 출몰!

거짓말 탐지기도
거짓말을 하는구나!

수상해!

용의자

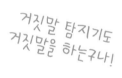
증거

재밌~~다~~다!

거짓을 거짓이라고
말할 줄 아는 멋진 김뚜식!

뭐지?

범인은?

동만아,
미안해.

진실 하나,
서연이 누나는
정말 예쁘다.

목격자

앗,
내 그림자였잖아?